KB218561

골방기도

골방기도

지은이 · 정석우
초판 1쇄 펴낸날 · 2003년 1월 1일
초판 2쇄 펴낸날 · 2003년 5월 9일
펴낸이 · 김승태
편집장 · 최창숙
편집 · 김한희
표지디자인 · 이쥴희
등록번호 · 제2-1349호(1992. 3. 31)
펴낸곳 · 예영커뮤니케이션
　　　　110-616 서울 광화문 우체국 사서함 1661
　　　　출판유통사업부 T. (02)766-7912 F. (02)766-8934
　　　　　　　　　　E-mail: jeyoungsales@chollian.net
　　　　출판사업부 T. (02)766-8931 F. (02)766-8934
　　　　　　　　　　E-mail: jeyoungedit@chollian.net

ISBN 89-8350-250-9　03230

copyright ⓒ 2003, 정석우

값 4,000 원

■ 잘못 만들어진 책은 언제든지 교환해 드립니다.

골방기도

정석우 지음

예영커뮤니케이션

머리말

가장 먼저 골방기도 책을 지체들에게 나누게 하신 하나님께 감사드립니다. 감히 책을 내기 어려운 부족한 사람이지만 주님의 은혜로 이 책을 내게 되었습니다.

이 책의 기초는 교사교육을 위한 "1시간 이상 기도하라!"라는 성경공부였습니다.

책임있는 그리고 강한 교사로 살아가기 위해서 기도가 필수인 것을 교육전도사 시절에 너무나 절실히 깨달아 다섯 페이지 정도의 교사교육 자료를 만들었고 그것도 조금 더 풍부하게 보강하여 이 『골방기도』를 완성하게 되었습니다.

기도가 사역을 일으키고 그 사역이 열매를 거두게 되는 반복되는 주님의 가르침을 조금씩 이해하며, 지난 15년간 매일 기도하며 기도에 대한 책들을 읽으며 특히 기도로 사역하며 얻어진 기도에 대한 지혜들을 모아 책을 출간합니다.

실로 골방기도를 통한 하나님의 은혜는 너무나 놀랍고 감사한 것이었습니다. 성대 기독학생회 시절, 기독학생회 룸에 있던 작은 골방에서 기도하고 나올 때와 들어갈 때가 너무나 다른 것을 알았고, 기도에서 하나님에 대한 확신을 얻어 임원과 간사의 일을 하였던 것을 회상합니다.

주일학교에서 제자반과 주일사역을 기도로써 감당하였을 때 아이들의 질적 부흥과 양적 부흥이 놀랍게 일어나는 것을 보았고, 교회 개척을 준비하는 동안 하나님은 중보기도자들을 통해 기도를 통한 사역과 내적 부흥이 얼마나 실제적인가를 보여 주셨습니다.

또한 이 책은 교회 개척을 준비하면서 1년간 잠시 힘들어하던 본인에게 가장 큰 힘을 제공하기도 하였습니다. 이 책을 들고 여러분의 기도의 골방에 들어가 주시기 바랍니다. 기도의 개념과 유익을 알게 함으로써 여러분의 기도를 조금 더 풍성하게 해 줄 것이라 확신합니다.

이 『골방기도』에서 설명하고 있는 기도의 유익과 기도의 개념들은 여러 가지 책들과 신학교에서 공부하며 얻어진 것도 있지만, 많은 부분 주님과의 교제 속에서 얻어진 것이라는 것을 부인할 수 없습니다.

이 책의 내용들은 수련회나 세미나를 인도할 때 이미 여러 번 사용하여 은혜를 나눈 바 있습니다. 아직도 기도가 너무나 멀게만 느껴지는 믿음의 후배들과 동지들에게 조금이라도 도움이 되기를 바라며 이 책을 내놓습니다.

수년 전 주일 오후예배에서 기도에 대한 2행시를 지을 때 주일학교 5학년 어린이가 제일 먼저 손을 들고 발표했던 내용을 잊을 수 없습니다. "전도사님! 기도는 **기**적을 이루는 **도**구예요."

아버지 하나님께서 기적을 이루는 도구를 우리에게 허락하셨습니다. 여러분 개인의 골방기도가 깊어지고 넓어지시기를 간절히 소원하며….

주 안에서 지체된
정 석 우 전도사

추천사

　기독교인의 덕목 중에 가장 중요한 것이 바로 기도의 생활입니다. 기도의 분량만큼 그 사람의 신앙과 인격 그리고 영적 품격을 나타내는 것은 없을 것입니다. 왜냐하면 기도한 만큼 신앙적 향상이 좌우되기 때문입니다.

　그러나 기도하라는 것에 대한 가르침과 감동적인 내용의 책들은 많이 있지만, '어떻게'라는 문제를 그림과 개념을 사용하여 돕는 책은 많지 않은 현실입니다. 이러한 때에 사랑하는 제자이며 주님의 신실한 종으로 쓰임 받기 위해 노력하는 정석우 전도사님을 통하여 귀한 책을 내게 하신 주님을 찬양합니다.

　이 책은 기도의 유익과 기도의 개념을 나름대로의 '기도 철학'을 가지고 써 내려간 것입니다. 그러므로 비록 규모는 작은 책자이지만 각 교회의 중고등부와 청년부에서 사용하기 좋은 훌륭한 교재가 되리라 확신합니다.

"우리가 얻지 못함은 구하지 아니함이요, 구하여도 얻지 못함은 정욕으로 쓰려고 잘못"(약 4:2-3) 구하기 때문입니다. 기도에는 분명한 응답이 있습니다. 또한 기도하는 개인과 공동체는 하나님을 감동시키게 되고, 승리의 삶으로 인도 받게 되어 있습니다.

이 책자는 예수 그리스도께서 강조하셨던 기도를 온전히 행하는 방법을 가르쳐 주며, 성령 받은 제자들이 날마다 즐겨 행했던 기도의 세계로 독자들을 인도하는 좋은 안내서가 될 것으로 믿습니다.

이 책을 읽는 독자들마다 은밀한 중에 계신 주님과 날마다 교제함으로 아름다운 승리의 삶을 사시게 되기를 바랍니다.

최 종 진

(서울신학대학교 총장, 한국 성결교회 연합회 분과위원,
한국 기독교대학교 대학원장 협의회 회장)

목 차

골방기도

I 기도 훈련서

- 기도란 무엇인가? • 누가 기도할 수 있는가?
- 기도 훈련서의 특징 • 가지의 두 가지 기쁨

기도 훈련서

기도란 무엇인가?

기도란 나의 죄를 위해 대신 죽으신 그리스도의 십자가 보혈의 능력을 믿음으로 죄사함 받고 구원받은 하나님의 자녀들이 자녀 됨의 특권을 가지고, 살아 계시며 사랑이 넘치는 아버지께 드리는 요청이자 대화입니다. 간단히 말하면 기도는 살아 계신 하나님과 나와의 관계입니다. 그것이 구하는 관계일 수 있고 사랑을 표현하는 관계일 수 있고 능력과 응답을 받는 관계일 수 있으나, 이 모든 것을 종합하여 기도는 '하나님과 나와의 관계이다' 라고 정의 내릴 수 있습니다.

'기도하다' 에 해당하는 헬라어 '프로슈코마이(προσεύχομαι)' 는 '~을 향하여' 라는 '프로스(πρόσ)' 와 '원하다, 고대하다' 라는 '유코마이(εύχομαι)' 의 합성어입니다. '하나님을 향하여 원한다, 고대한다' 는 뜻입니다.

그 방향은 하나님을 향한 것이며, 내용은 원하고 고대하는 것입니다.

예수님은 산상수훈에서 기도를 언급하실 때에 '사람에게 보이려고 하는 기도'를 비판하시면서 "너는 기도할 때에 네 골방에 들어가 문을 닫고 은밀한 중에 계신 네 아버지께 기도하라 은밀한 중에 보시는 네 아버지께서 갚으시리라"(마 6:6)고 하시며 기도는 하나님과의 인격적인 관계라고 말씀하셨습니다.

예수님은 이 말씀에서 기도는 형식적인 것이 아니라 하나님과의 일대일의 관계이며, 그 관계 속에서 사랑의 아버지께서 아들과 딸의 마음의 소원과 입술의 간구를 들으시고 갚아 주시는 신비스런 만남의 시간이라고 가르치고 계십니다.

기도는 은밀한 중에 계신 하나님께 하는 것이며, 은밀한 중에 보시는 하나님께 하는 것이며, 드러나게 갚아 주시는 하나님을 향하여 원하고 고대하는 것입니다. 우리가 기도할 때 그 곳에 하나님이 계십니다. 그 곳에서 하나님이 듣고 계십니다. 마지막으로 하나님은 들으신 그 기도에 사랑으로 드러나게 응답해 주십니다.

히브리서 11장 6절 역시, 하나님께 나아가는 자는

① 반드시 그가 계신 것과

② 그가 자기를 찾는 자들에게 상 주시는 자이심을 믿어야 한다고 말씀하고 있습니다.

그리고 '갚아 주시리라'와 '상 주신다'는 reward의 뜻으로 동일하게 쓰이고 있습니다.

즉 보답하신다는 뜻입니다. reward라는 말에서 기도란 인격적인 성격을 가진 관계임을 알 수 있습니다(reward－a return for doing something good or valuable ; 뭔가 좋은 일이나 가치 있는 일을 행함에 대한 보상). 기도 전과 기도 후는 응답과 능력과 관계가 분명 달라져 있습니다. 그 이유는 아버지께서 보답하셨기 때문입니다.

다시 한 번 말씀드리자면, 기도는 보고 계시며 듣고 계신 전능자의 부르심이며, 그분 앞에서 그분과의 관계를 누리며 보답해 주심을 체험할 수 있는 가장 고귀하고 훌륭한 아버지와의 대화이며 관계입니다.

누가 기도할 수 있는가?

거듭난 자입니다. 사람은 한 번은 육체로 태어나고 다시 한 번은 영으로 태어납니다. 예수님은 그것을 거듭난다, 두 번 태어난다, 중생한다고 가르치셨습니다(요 3:3-8).

아기가 태어나면 본능적으로 호흡을 하고 본능적으로 젖을 달라고 울어대듯이, 그리스도를 믿고 영접하여 영혼이 거듭나게 되면 하나님은 그 사람을 기도와 말씀으로 인도하시고 그 사람 역시 영혼의 양식인 하나님의 말씀을 먹게 되고 영혼의 호흡인 기도를 하게 됩니다.

교회에 오랜 세월을 다니면서도 하나님의 말씀이 전혀 필요없고, 기도하지 않아도 크게 답답하지 않다면 한 번 생각해 보아야

할 것입니다. 진정 나의 영혼은 죄와 허물로 죽은 상태에서 살아
났는지 말입니다(엡 2:1).

예수님의 보혈로 죄씻음 받고 예수 그리스도를 개인적으로 영
접하여 성령의 능력으로 거듭난 사람은 본능적으로 영혼의 호흡
인 기도와 영혼의 양식인 말씀이 필요하게 됩니다.

스펄전 목사님은 거듭난 사람은 첫째, 하나님을 사랑하게 되고
둘째, 사람을 사랑하게 되고 셋째, 자연을 사랑하게 된다고 말씀
하셨습니다.

다른 종교에서도 기도를 합니다. 그러나 그 대상은 자기 자신
의 욕심일 수 있고 더러운 잡신일 수 있으며 우상일 수 있습니다.

그러므로 참된 의미에서의 기도는 예수 그리스도의 피로 죄사
함 받고 그분을 영접하여 하나님의 자녀된(요 1:12) 그리스도인만
이 할 수 있으며, 하고 있다고 보아야 할 것입니다.

기도는 응답을 받기 위해서도 합니다. 그러나 우리의 아버지 하
나님은 먼저 관계를 원하십니다. 우리의 사랑과 관심을 받기 원하
시고, 기도 속에서 사랑의 관계를 누리기 원하신다는 말입니다.

여러분! 하나님은 여러 가지 응답을 통해서 관계를 친밀하게
하기를 원하십니다. 응답 자체가 목적이 아니라 하나님의 나라와
그의 의, 그분의 사랑과 칭찬, 그분과의 관계가 여러분과 저의 기
도의 목표가 되어야 할 것입니다.

초등학교 꼬마 아이들은 아버지가 퇴근 후에 사 오시는 선물

상자에 온통 마음이 끌려 그들을 사랑의 눈빛으로 보고 계신 그 아버지의 사랑은 놓치고 맙니다. 물론 그래도 아버지는 그들을 깊이 사랑합니다.

그러나 그 선물을 통해 선물을 준 아버지의 사랑과 관심 그리고 친절함과 좋으심에 감격한다면 선물을 주는 아버지의 마음도 실로 감격할 것입니다.

내 눈은 선물(응답)을 향해 있습니까? 그 선물을 주시는 아버지를(관계) 향해 있습니까?

다시 한 번 말씀드립니다. 기도는 그리스도의 보혈의 공로로 죄사함 받은 하나님의 자녀가 전능하시고 사랑 많으신 아버지 하나님께 하는 것입니다. 나는 그리스도의 피로 죄사함 받고 그분을 영접하여 하나님의 자녀가 되었습니까?(요 1:12) 자녀됨의 특권을 여러분의 기도시간을 통해 만끽하시기 바랍니다.

기도 훈련서의 특징

이 기도 훈련서는 기도가 무엇인가에 대해 알려 주는 책이 아닙니다. 오히려 매일의 개인기도 속에서 어떻게 하면 기도의 질과 양이 좀더 풍성해질까 하는 것에 초점이 맞추어져 있습니다.

우리의 날마다의 개인기도 속에서 구체적으로 적용할 수 있는 것들을 중심으로 기도의 원리와 개념들을 그림과 함께 정리해 보았습니다. 누구나 매일의 기도훈련을 통해 1시간 이상의 힘 있고 주님과의 사랑 넘치는 기도를 너끈하게 할 수 있게 되도록 돕는 것이 이 책의 목적입니다. 그래서 그 기도를 통해서 받는 하나님의 위로와 능력으로, 강하고 담대한 그리스도의 군사가 되어 세상을 이기고 세상을 다스리는 성령 충만한 하나님의 자녀가 되는 것을 함께 경험할 수 있기를 원합니다. 또한 이 책자는 각 교회 성도들과 함께 기도를 훈련하고, 기도생활의 풍성함을 누리기 위해 쓰여진 개인기도 안내서입니다.

누구나 깊이 있는 기도의 필요성과 중요성을 인정합니다. 그러나 모두가 주님과의 관계를, 그리고 하나님이 맡기신 사역을 기도를 통해 누리고 있지는 않다는 것입니다. 약하고 힘든 삶과 사역은 대부분 기도생활의 연약함에서 그 원인을 찾을 수 있습니다. 주님과의 약한 관계는 삶과 사역을 언제나 약하게 만듭니다. 반대로 주님과의 강한 관계는 삶과 사역을 언제나 강하고 담대하게 만드는 것을 봅니다.

우리는 누구나 깊은 기도 속에서 하나님의 사랑과 그리스도의 은혜 그리고 성령 충만함을 실제적으로 체험하기를 원합니다. 그러나 기도 초보자인 우리는 거듭난 후에도 보통 10분 정도의 기도도 대단히 길게 느낄 때가 있습니다. 본인 역시 14년 전 처음 기도생활을 시작할 때 5분 기도도 길게만 느껴졌던 기억이 납니다. 신앙의 선배들이 어떻게 그렇게 열렬히 그리고 깊이 기도할 수 있는지 의아할 뿐이었습니다.

그러나 매일의 삶 속에서 주님과의 관계가 말씀과 기도를 통해 깊어지며, 기도 시간이 5분에서 10분으로 그리고 20분으로, 다시 40분으로, 1시간 이상으로 길어지고 강해지는 것을 수년의 기도생활 속에서 경험하였습니다. 기도를 통해 얻은 축복과 삶 속의 작은 간증들은 이제 성경 말씀과 주님의 마음을 조금 더 깊이 이해하게 하며, 맡기신 사역을 더욱 담대하고 확신있게 하도록 돕고 있습니다.

그러나 속지 말아야 할 것은 '언젠가는' 되겠지라는 생각입니다. '언젠가 그저 시간이 흐르면 나 역시 기도의 사람이 저절로 되겠지' 라고 생각한다면, 10년의 예배 속에서도 기도의 사람, 즉 하나님이 강하게 하여 사용하시는 사람이 될 수 없습니다.

만약 어떤 사람이 수영장에 들어와서 앞에 놓인 수영장을 바라보며 '나도 언젠가는 수영을 잘 할 때가 올거야.' 라고 생각하면서도 수영 연습을 하지 않는다면, 그 사람이 수영장에 10년을 온다 한들 큰 변화가 있겠습니까? 절대 큰 변화는 없을 것입니다.

오직 직접 수영장 물 속에 들어가 때론 물도 먹고 때론 지치기도 하며 수영 코치의 지도를 받으며 연습할 때 비로소 수영을 즐길 수 있는 사람이 될 것입니다. 마찬가지로 기도 역시 직접 기도를 행함으로 그 속에 들어가서 주님의 은혜 속에서 헤엄쳐야 합니다. 수영은 수영을 하면서 배우듯이 기도는 기도하면서 배워야 합니다. 이것은 이론보다 실기가 더 중요한 예체능계와 같습니다.

하나님은 기도에 대하여 많이 들은 사람을 축복하는 것이 아니

라 기도에 대하여 듣고 실행하는 자에게 복을 주십니다. 절대로
그 상을 잊지 않으신다고 약속하십니다.

"너는 기도할 때에 네 골방에 들어가 문을 닫고 은밀한 중에 계신 네
아버지께 기도하라 은밀한 중에 보시는 네 아버지께서 갚으시리라"
(마 6:6)

하나님 아버지께서는 반드시 갚으시고 보답하신다고 약속하셨
고, 그분은 신실하신 분이십니다.

이 책에 나오는 기도의 유익과 개념들, 그림들을 잘 이해하고 또
한 함께 나오는 성경 본문에 은혜를 받으며 기도를 연습한다면 주

님과의 기도 시간이 더 풍성하게 채워지게 되리라 확신합니다.

"육체의 연습은 약간의 유익이 있으나 경건은 범사에 유익하니 금생
과 내생에 약속이 있느니라"(딤전 4:8)

왜냐하면 대부분의 내용이 사역과 수련회 또는 제자훈련을 통
해 각 연령층에서(유초등부, 중고등부, 청장년) 기도의 질과 양이
배가 되는 임상결과로 확인할 수 있었기 때문입니다.

여러분이 이 책으로 기도를 훈련하실 때에 성령의 기름부음과
생각나게 하시고 깨닫게 하시는 '하나님의 과외'가 있으시기를
기도합니다. 기도하는 마음으로 읽어 주시고 기도 속에서 반드시
적용하시며 풍성한 기도의 세계, 주님과의 교제와 동역의 세계로
들어가시기를 바랍니다(성령님의 세미한 음성을 개인적으로 하나
님의 과외라고 부르고 있습니다).

"보혜사 곧 아버지께서 내 이름으로 보내실 성령 그가 너희에게 모든
것을 가르치시고 내가 너희에게 말한 모든 것을 생각나게 하시리라"
(요 14:26)

자, 이제 기도의 훈련으로 들어가기 전에 예수님과 우리의 관
계를 잠시 살펴보고 기도 속 이야기를 진행하여 보겠습니다.

포도나무와 가지

"나는 포도나무요 너희는 가지니 저가 내 안에 내가 저 안에 있으면 이 사람은 과실을 많이 맺나니 나를 떠나서는 너희가 아무것도 할 수 없음이라"(요 15:5)

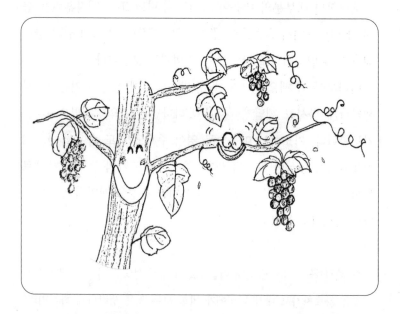

예수님은 포도나무이시고 우리는 가지입니다. 그렇다면 가지의 두 가지 기쁨은 무엇일까요?

1) 첫째는 연결되어 있는 것입니다

연결되어 있다는 것은 포도나무에서 가지로 무엇인가가 흘러들어온다는 것입니다. 가지로 무엇이 흘러 들어올까요? 물을 비롯한 모든 필요한 양분들이 흘러 들어올 것입니다. 가지가 살아가는 능력이 오직 포도나무로부터 온다는 것을 잊고 받아들이지 않을 때이미 포도나무로부터 오는 에너지는 중단되고 가지는 생명력을잃어 가게 됩니다.

가지는 매달려 있기만 하면 그 에너지가 흐르지만, 우리와 주님과의 관계 속에서는 기도를 통해서 에너지가 흐르게 되어 있습니다. 그러므로 기도하지 않는다면 에너지는 흘러 들어오지 않습니다. 구할 때 주신다고 예수님은 말씀하셨습니다. "구하는 자에게 성령을 주시지 않겠느냐 하시니라"(눅 11:13 하반절). 하나님은 야고보 사도를 통하여 "너희가 얻지 못함은 구하지 아니함이요"(약 4:2 하반절)이라고 말씀해 주셨습니다. 구하는 자, 즉 기도하는 자에게 주님께서 약속하신 모든 풍성함은 흘러 들어오게됩니다. 그는 생명을 얻고 더 풍성히 얻는 생명력 넘치는 가지가되며 열매 맺는 가지가 됩니다. 포도나무이신 예수님께서 가지인우리에게 가장 주고 싶어 하시는 것은 무엇일까요?

그것은 생명력입니다. 주님은 부활이요 생명이십니다. 주님은 길이요 진리이십니다. 그 생명력으로 가지가 마르지 않게 하고, 가지가 시들지 않도록 하는 것이 포도나무가 가장 하고 싶은 일입니다.

가지의 첫번째 기쁨은 분명히 '연결되어 있는 기쁨' 입니다. 열매부터 맺는 것이 아니라 기도를 통해 연결됨이 첫번째이며 최상의 기쁨입니다. 연결됨 없이 삶의 기쁨과 열매가 있을 수 없습니다.

기도의 문이 열려 있다면 온갖 좋은 하나님의 축복이 그리스도를 통하여 들어오게 됩니다. "찬송하리로다 하나님 곧 우리 주 예수 그리스도의 아버지께서 그리스도 안에서 하늘에 속한 모든 신령한 복으로 우리에게 복 주시되"(엡 1:3)라고 말씀하셨습니다.

주님은 기도시간에 낙담과 우울을 치료하는 믿음과 소망을 공급하십니다. 상처와 쓴뿌리를 치료하는 사랑의 명약을 우리의 심령에 흘러 들어가게 하십니다.

그 믿음과 소망과 사랑의 치료제는 우리가 주님과 기도로 연결될 때 흘러 들어와 마음의 쓴물들을 정화시킵니다. 더럽고 냄새나고 어둡던 마음이 맑고 강한, 하늘에 속한 생명력 넘치는 마음으로 바꾸어집니다. 깊은 기도 속에서 언제나 일어나는 일들입니다.

복음서에 나오는 문둥병자, 중풍병자, 귀신들린 자, 각색 병든 자들은 예수님을 만나면 온전하여졌습니다. 지금도 예수님은 기도 속에서 그 일을 하고 계십니다.

"예수 그리스도는 어제나 오늘이나 영원토록 동일하시니라"(히 13:8)

그 아름다운 생명력은 기도를 통하여 우리의 모든 피곤함 속에 흘러 들어와 새 힘을 공급해 주면서 독수리처럼 날아오르게 합니다. 도저히 다른 사람의 도움이나 현대사회의 오락과 문화들로 해결할 수 없는 인간 마음속의 어두움과 외로움과 더러움을 예수님은 기도 속에서 밝음과 사랑과 성령의 깨끗함으로 바꾸어 놓고 마십니다.

　이러한 체험이 기도 속에서 쌓이면 쌓일수록 기도의 시간은 "그 때가 가장 즐겁다"(찬송가 482장)로 고백할 수밖에 없는 시간이 됩니다. 예전에는 정말로 이해할 수 없는 찬양이었지만 이제 그 찬양을 부르며 마음이 뜨거워지는 사람은 최고의 복을 받은 사람입니다.

물론 우리에겐 상담자도 필요하고 모임도 필요하고 모두 중요합니다. 그러나 막상 혼자 있을 때 주님과의 개인적인 교제가 너무나 약하다면 우리는 항상 사람을 의지하고 사람에게 영향 받고 사람과 환경에 흔들리는 약한 하나님의 자녀가 되고 맙니다.

그러나 주님과의 깊은 기도의 연결이 있다면 사람을 찾기 전에, 지도자들이 일을 해결해 줄 것이라는 기대를 갖기 전에 살아계신 하나님 앞에서 거의 대부분의 감정적 상처들을 치료받게 됨으로 자체적인 회복이 가능한 삶을 살게 됩니다. 자신과 타인을 행복하게 하는 사람이 될 수 있습니다. 오히려 불신자나 시험에 든 사람들을 돕는 긍정적이고 창조적인 하나님의 사람이 되는 것입니다.

"내가 산을 향하여 눈을 들리라 나의 도움이 어디서 올꼬 나의 도움이 천지를 지으신 여호와에게서로다 여호와께서 너로 실족지 않게 하시며 너를 지키시는 자가 졸지 아니하시리로다"(시 121:1-3)

이것이 바로 기도로 연결된 가지의 기쁨입니다. 가지는 기도로 연결이 되어서 내적인 모든 갈등을 치유하는 하나님의 에너지를 맛보며 독수리의 날개 치며 올라감 같은 새 힘을 얻게 됩니다. 최선의 삶을 살게 되는 것입니다. 나의 능력이 아니라 하나님의 능력으로 살게 됩니다. 약할 때 기도 속에서 강하게 하시는 주님을 매일 체험하시기 바랍니다.

자, 이제 정리해보겠습니다. 포도나무와 연결됨이 가지의 첫
번째 기쁨입니다. 나는 포도나무와의 연결이(회개하지 않은 죄들
로 인해 또는 너무나 기도하지 않음으로 인해) 막힌 자입니까?

나는 포도나무와의 연결이(얕은 기도의 관계로 인해) 부분적으
로만 열린 자입니까?

아니면 시원하게 뚫려 있어 깊은 기도를 통해 응답을 받아 모
든 믿음과 소망과 사랑과 새 힘을 삶에서 누리고 있습니까? 한번
점검해 보시기 바랍니다.

구원 받는 데는 예수님 외에 다른 방법이 없듯이(행 4:12) 풍성
한 그리스도인의 삶을 살아가는 것도 기도 외에 다른 방법이 없다
는 것(막 9:29)을 잊어서는 안 됩니다. 기도가 몸과 삶에 밸 때까
지, 체질화가 될 때까지 기도를 연습하여야 합니다. 최고의 복을
그 연습 중에 받게 될 것입니다.

마귀는 지금도 불신자들에게 "꼭 예수님이어야 하느냐?"라고
속삭이며 속이고 있습니다. 다른 종교와 다른 길이 있다고 합니
다. 그러나 구원은 오직 예수님 외에 다른 길이 없고, 다른 이름
을 주신 일이 없습니다(행 4:12).

마귀는 믿는 자들에게는 "꼭 깊은 기도이어야 하느냐?"라고 속
삭이고 있지 않을까요?

우리의 대답은 "그렇다, 이놈아!" 해야 할 것입니다! 마귀는 기

도하는 자들을 가장 무서워합니다. 하나님의 전능하신 힘을 덧입은 자들은 당할 수 없기 때문입니다.

하나님에게는 기쁨이요, 마귀에게는 두려움의 대상이 되기를 원하십니까? 깊은 기도를 연습하십시오!

2) 둘째는 열매 맺는 기쁨입니다

가지의 두 번째 기쁨은 열매를 맺는 것입니다. 하나님은 우리가 하나님의 일을 할 때 큰 만족과 기쁨을 주십니다. 예수님은 식사하시는 것보다 하나님의 일을 행하는 것들이 더 만족스럽다고 말씀하셨습니다. 사마리아 여인을 전도함으로 받은 영적 축복이 제자들이 가져 온 음식보다 더 큰 만족을 주었습니다.

"그 사이에 제자들이 청하여 가로되 랍비여 잡수소서 가라사대 내게는 너희가 알지 못하는 먹을 양식이 있느니라 제자들이 서로 말하되 누가 잡수실 것을 갖다 드렸는가 한대 예수께서 이르시되 나의 양식은 나를 보내신 이의 뜻을 행하며 그의 일을 온전히 이루는 이것이니라"(요 4:31-34)

하나님의 일을 기도를 통하여 행하며 이루는 기쁨과 만족은 세상의 기쁨과 비길 수 없습니다. 하나님이 직접 주시는 하늘나라 상표의 기쁨과 만족이므로 가장 온전하고 가장 아름다운 기쁨과 만족입니다.

만약 우리가 너무나 자주 큰 고통과 피곤함 속에서 하나님의 일을 행하고 있다면 하나님과 나와의 관계를 먼저 살펴야 할 것입니다. 나에게 깊은 기도와 말씀의 시간이 있는지 말입니다.

그런데 열매를 맺는 최고의 방법이자 유일한 방법은 무엇입니까? "저가 내 안에 내가 저 안에 있으면" 즉, 연결되어 있는 것입니다.

가지가 포도나무에 잘 연결되어 있으면 과실을 맺게 되는 것처럼, 깊은 사역을 위한 기도 속에서 — 즉 포도나무와 잘 연결되어서 — 먼저 모든 일을 기도와 간구 속에서 시작하고 그 속에서 얻은 확신에 찬 아이디어와 능력으로 하나님의 일을 진행하여 나갈 때 그 결과는 놀라울 것입니다.

하나님은 깊은 기도로 시작한 사역, 계속된 기도로 진행한 사역을 최고의 축복으로 열매를 맺게 하시는 분이심을 경험하게 됩니다. 하나님은 하나님의 일을 기도로 이루어 나가는 사람들에게 하나님의 하나님 되심을 나타내시기를 즐겨하십니다.

포도나무 가지에게는 연결되어 있는 기쁨과 열매 맺는 이 두 기쁨 외에 다른 것이 기쁨이 될 수가 없습니다.

만약 다른 것 — 육신의 정욕, 안목의 정욕, 이생의 자랑 — 들이 나의 자랑이요, 나의 기쁨이 된다면 사실은 그 사람은 영적으로 가난한 상태요, 은혜의 그릇에 구멍이 난 상태라고 볼 수 있습니다.

가지가 포도나무에 연결된 기쁨, 열매 맺는 기쁨 속에 모든 기쁨까지 주셨으므로 다른 세상적인 기쁨은 가지의 두 가지 기쁨이 있을 때에 분별하여 버릴 수 있게 됩니다. 세상적인 것을 끊는 것도 중요하지만 기도와 말씀의 은혜를 받는 것이 더욱 중요합니다. 더 좋은 것이 무엇인지 알게 된다면 덜 좋은 것은 포기할 수 있습니다.

예수 그리스도와 가장 잘 연결된 모범 가지인 사도바울은 그리스도에게 속한 기쁨과 소망이 너무 큰 나머지 세상적인 것들을 배설물로 여겼습니다.

"그러나 무엇이든지 내게 유익하던 것을 내가 그리스도를 위하여 다 해로 여길 뿐더러 또한 모든 것을 해로 여김은 내 주 그리스도 예수를 아는 지식이 가장 고상함을 인함이라 내가 그를 위하여 모든 것을 잃어 버리고 배설물로 여김은 그리스도를 얻고 그 안에서 발견되려 함이니"(빌 3:7-9)

얼마나 큰 가지 됨의 기쁨입니까? 우리 포도나무 가지들의 좋은 모범이 되는 가지는 사도바울 가지라고 생각합니다. 그는 아무것도 없어 보이나 모든 것을 가진 자였습니다.

반대로 모든 것을 가진 것 같으나 실상은 아무것도 없는 사람도 많이 있습니다. 만약 어떤 신자가 교회 안에서와 신앙 안에서 가지가 자라는 두 가지 기쁨 외에 다른 것을 자랑한다면 가지의 두 가지 기쁨이 가득 차지 못한 까닭입니다. 병들어 있거나 속고 있습니다.

다른 것을 계속 기쁨의 도구와 원천으로 삼으려 한다면 가지는 병들었거나 시들어 있다고 증거하고 있는 것입니다. 불쌍한 상태입니다. 포도나무와의 진실한 관계가 부실한 상태입니다.

이 찬양을 들어 보십시오.

"예수로 나의 구주 삼고 성령과 피로써 거듭나니…… 세상과 나는 간 곳 없고 구속한 주만 보이도다."

정말 충만한 예배와 깊은 기도 속에서 이러한 일들이 일어납니다.

구속한 주님 외에 다른 것이 너무나 잘 느껴지고 잘 보여진다면 당신이 확인해 볼 것이 있습니다. 주님과의 관계를 다시 확인해 보아야 합니다. 주님이 잘 보이는 사람은 세상이 흐릿하게 보이고, 세상이 잘 보이는 사람은 주님이 흐릿하게 보입니다. 깊은 기도 후에야 세상이 흐릿해지고 주님이 또렷하게 보이는 영적인 시력을 갖게 됩니다.

3) 가지가 포도나무를 떠나서는 아무것도 할 수 없어야 합니다

우리가 기도하지 않는데도(하루를 기도로 출발하지 않는데도) 모든 일이 효과적으로 되어 간다면 참으로 이상한 것입니다. 우리가 주님을 떠나서 모든 일이 너무나 잘 되어 간다면 그것은 무

엇을 의미하는 것일까요? 버려져 말리워져야 하는데도 아무렇지
도 않다면 원래 말라진 가지라는 결론 밖에는 나오지 않습니다.
생명력이 흐르던 가지는 말라진 상태를 견디지 못하고 다시 포도
나무와의 깊은 연결 속으로 돌아가려고 노력하게 되어 있습니다.

가지인 우리는 자체적으로는 영적인 삶을 살아갈 힘과 하나님
나라의 열매를 맺을 능력이 없습니다. 가지의 능력은 기도를 통
해서 하늘에 속한 힘을 공급받음으로써만 가질 수 있습니다.

우리는 철저히 질그릇이며 주님은 보배이십니다.

"우리가 이 보배를 질그릇에 가졌으니 이는 능력의 심히 큰 것이 하나
님께 있고 우리에게 있지 아니함을 알게 하려 함이라"(고후 4:7)

내가 약하고 깨어지기 쉬운, 그리고 그 속에는 원래 아무 능력
이 없는 질그릇인 것을 확실하게 안다면 하나님의 능력을 구하지
않을 수 없습니다.

또한 하나님의 보배로운 능력을 받았다 하더라도 자고하지 말
것은 그 능력은 나의 것이 아니라 받은 것이기 때문입니다.

내가 기도함으로 병이 고쳐지고 귀신이 쫓겨가고 하나님의 능
력이 나타났다 하더라도 그것은 질그릇 같은 당신의 능력이 아닙
니다. 질그릇 속에서 주님이 하신 것입니다. 영광은 오직 주님께
돌려져야 합니다. 질그릇이 영광을 받아서는 안 됩니다. 질그릇

은 함께 사역에 참여하게 하신 하나님께 감격하며 감사하는 일만 하여야 할 것입니다. 하나님의 능력으로 자신이 높아지면 그 사람은 하나님과 사람에게 버림을 받을 것입니다.

하나님은 기도함의 축복과 기도하지 않음의 무력함을 원리로 서 그리고 진리로서 가르치시기를 원하십니다. 그 원리가 나의 삶에 진리로 자리잡은 가지는 행복한 가지입니다.

또한 깊은 기도를 하지 않는다는 것은 삶의 중요한 부분들을 실패하겠노라고 공언하는 것이며, 하나님의 일을 하지 않겠다고 선포하는 것과 같습니다.

기도하지 않는 사람은 나의 힘이 떨어질 때까지만 일할 수 있습니다. 그러나 기도하는 사람은 하나님의 능력을 계속 공급받아 일하기에 계속해서 능력있는 사역을 감당할 수 있습니다.

기도 속에서만 효과적인 사역이 일어나고, 주님이 기도 속에서 가르쳐 주신 방법대로 사역을 행할 때 열매가 맺혀지게 됩니다.

깊은 기도 없이 사역이 없고, 충실한 사역 없이 풍성한 열매는 없습니다. 모든 사역의 발단은 깊은 기도입니다. 안디옥 교회는 함께 금식하며 기도할 때 성령의 음성을 듣고 사역을 시작하게 되었습니다.

"주를 섬겨 금식할 때에 성령이 가라사대 내가 불러 시키는 일을 위하여 바나바와 사울을 따로 세우라 하시니 이에 금식하며 기도하고 두

사람에게 안수하여 보내니라"(행 13:2-3)

기도 없이는 아무것도 진행되지 않게 하시는 하나님의 기적을 많이 맛보았습니다. 또한 불가능해 보이는 일들이 기도 속에서 하나님의 강한 능력 가운데 진행되는 것을 더 많이 보았습니다. 기도 없이 진행되지 않게 하시는 것도 기적이요, 기도 속에서 큰 열매를 보게 하시는 것도 기적입니다.

일단 모든 일에 기도와 간구로 주님 앞에 나갈 때 하나님의 세미한 음성은 들려 오고 하나님의 아이디어들이 오기 시작합니다. 할 수 있다는 강한 확신과 능력을 갖게 됩니다. 이러한 것들은 주님께 속한 것들입니다. 원산지와 생산지가 땅이 아니라 하늘입니다. 메이드 인 헤븐! 할렐루야!

이 두 가지 기적(기도 밖의 실패와 기도 속의 승리)은 우리의 삶에 계속해서 일어날 것입니다. 우리의 주님은 '임마누엘' 의 주님이시기 때문입니다. 어떤 기적 속에서 살기 원하십니까?

물론 대답은 정해져 있습니다. 기도 속의 승리의 삶입니다.

**적용문제

1_ 가지의 두 가지 기쁨은 무엇입니까? 그림을 생각하며 답해 보세요.

2_ 연결됨과 열매 맺음은 서로 어떤 상호작용을 한다고 생각하십니까?

3_ 얕은 기도와 깊은 기도의 차이는 무엇이며, 그 결과는 어떠한가요?

4_ '가지'와 '질그릇'의 공통점은 무엇인가요?

5_ 왜 하나님은 기도를 통하여 사역을 하게 하실까요?

6_ 내가 누리는 가지의 두 가지 기쁨은 어떤 상태에 있나요? 서로 나누어
   보며 보충, 발전시켜 보세요.

Ⅱ 말씀 묵상과 기도의 관계

Ⅱ

말씀 묵상과 기도의 관계

　　　　　기도와 말씀은 서로 다른 분야라고 생각하는 분들이 많이 있습니다. 그러나 절대로 그렇지 않습니다. 기도와 말씀은 하나님께로 날아 올라가는 새의 양날개와 같습니다. 한쪽 날개로는 불완전하고 피곤합니다. 두 날개를 모두 힘있게 날개질할 때 아름답게 날아오를 수 있습니다. 기도는 말씀을 돕고 말씀은 기도를 돕습니다.

　기도함으로 우리의 마음과 영의 눈이 열려 주의 법의 놀랍고 기이한 일들을 보게 되고, 그 놀랍고 기이한 하나님의 말씀을 깨닫게 되면 그 깨달은 말씀은 기도의 놀라운 추진력이 됩니다. 마치 산에 불이 붙을 때에 나무들은 그 불의 재료를 제공하여 뜨겁게 계속 타오르게 하듯이 하나님의 말씀은 기도의 원동력과 재료가 됩니다.

　하나님의 말씀은 하나님의 감동으로 된 것이며(딤후 3:16), 예수님은 내가 너희에게 이른 말이 영이요 생명이라 하였습니다(요

6:63). 엠마오로 가던 두 제자는 "길에서 우리에게 말씀하시고 우리에게 성경을 풀어 주실 때에 우리 속에서 마음이 뜨겁지 아니하더냐"(눅 24:32)라고 말하였습니다.

하나님의 말씀을 깨달으면 우리의 심령은 뜨거워지고 기도할 힘을 얻게 됩니다. 또한 깨달아진 하나님의 말씀은 기도의 불길이 계속 타오르게 하는 강력한 원료가 됩니다. 또한 감사한 것은 그 깨달아지고 묵상되어지는 말씀은 하나님을 경외하는 마음을 갖게 해 준다는 사실입니다.

"주를 경외케 하는 주의 말씀을 주의 종에게 세우소서"(시 119:38)

주를 경외하게 하는 하나님의 말씀이 있을 때 우리의 기도는 더욱 견고해집니다.

"하나님의 말씀은 살았고 운동력이 있어…"(히 4:12)

하나님의 말씀인 성경은 그 말을 하는 자, 즉 살아 계신 하나님의 인격과 권위를 갖고 있습니다. 또한 '운동력이 있다'의 '에네르게스'는 'powerful' 또는 'active'나 'operative'로 번역됩니다.

특히 'operative'는 '전쟁하다, 수술하다, 시동 걸다'의 뜻을 가지고 있습니다. 하나님의 말씀은 성령의 능력으로 살아 있고 운동력 있는 말씀이며 영적 전쟁을 하며 마음과 몸을 치료하고 기도의 시동을 걸어 줍니다.

　고아들의 아버지로 스펄전의 사역에까지 영향을 미쳤던, 5만 번 응답받은 기도의 사람 조지 뮬러는 이렇게 말합니다.

"그런데 나의 이전과 현재의 관행의 차이는 이러합니다. 이전에는 잠자리에서 일어나서 가능한 한 빨리 기도를 시작하였으며 대부분 아침 식사까지의 모든 시간 혹은 거의 모든 시간을 기도하는 데 할애했습니다. 아무튼 나는 거의 변함없이 기도를 시작했습니다. 하지만 그 결과는 무엇이었을까요? 나는 무릎을 꿇고 15분, 30분, 혹은 1시간이 지난 다음에야 위로, 격려, 영혼의 겸비함 등을 느꼈지요. 그리고 종종 처음 10분 혹은 15분, 심지어 30분 동안은 나의 영혼이 방황함으로 많은 어려움을 겪은 후 겨우 진정으로 기도를 시작할 수 있었습니다(즉 말씀 묵상 없이 기도의 시동을 걸기가 어려웠다는 말입니다. 기도의 거장이 하는 말입니다!).

나는 이제 이런 식으로 어려움을 겪는 경우는 별로 없습니다(말씀 묵상으로 기도를 시작하기에). 지금 나는 종종 내가 좀더 일찍 이 중요한 원리를 몰랐다는 것이 놀랍기만 합니다(즉, 하나님의 말씀을 묵상하는 것으로 기도를 시작하는 것). 따라서 우리가 영적으로 아주 약할지라도 묵상을 통해 하나님의 축복을 받으며 유익을 얻게 될 것입니다. 이 점을 특별히 강조합니다."

제가 14년 이상 실천해 본 결과, 묵상을 통해 기도로 접근하는 것은 하나님을 경외하는 가운데 확신있게 추천하고 싶은 것입니다. 기도의 거장 뮐러 역시 말씀과 기도의 밀접한 관계를 강조하였습니다. 말씀에 대한 강한 확신은 기도의 방향성과 담대함을 더해 줍니다.

이제 정리해 봅니다. 하나님의 말씀을 묵상하고, 묵상한 살아 있고 운동력 있는 말씀을 생각하고 의지하며 기도해 보십시오.

1) 성경 묵상과 함께 기도하면 신속히 기도의 시동이 걸립니다(뮐러 간증 참고).

2) 성경 묵상으로 기도하면 하나님의 뜻에 맞는 기도를 할 수 있습니다(요1서 5:14 "그를 향하여 우리의 가진 바 담대한 것이 이것이니 그의 뜻대로 무엇을 구하면 들으심이라").

그러므로 자기의 뜻만을 관철시키기에 바쁜 일방적 기도를 피하고 하나님의 마음을 기쁘시게 하는 기도를 할 수 있게 됩니다.

3) 성경 묵상과 함께 기도하면 하나님의 말씀에 감동받으며 기도할 수 있고, 또한 말씀을 깊이 깨달으며 확신있게 기도할 수 있게 됩니다.

나는 TV 드라마에 웃고 우는 자입니까, 하나님의 말씀에 웃고 우는 자입니까? 이것은 관심과 감동의 차이입니다. 내가 지금 무엇에 감동되고 심취되어 있는가가 바로 지금의 나인 것입니다.

영에 속한 사람은 하나님의 말씀에 감동하는 자입니다.

그 깊은 말씀의 감동은 다시 감동적이고 확신있는 기도로 이어지게 됩니다. 그리고 그 기도는 사역으로 연결되고 그 사역은 열매를 맺게 됩니다. 그 열매는 하나님과 사람에게 큰 만족과 기쁨을 줍니다.

하나님의 말씀은 기도 속에서 경외함으로 깨닫기를 연습해야 합니다. 이 연습이 되지 않는다면 하나님의 말씀은 지식적이거나 문화적인 말씀으로 전락하고 맙니다.

로이드 존스는 42년간의 목회 활동을 정리하며 『목사와 설교』라는 책에서 이렇게 말합니다. "사람들이 성경을 권위 있는 하나님의 말씀으로 믿고, 그 권위에 입각해서 말하는 동안에는 위대한 설교를 들을 수 있었습니다. 그러나 일단 거기서 떠나 사색하고 논리화하고 억측을 부리고부터는 웅변이나 구변의 위대성은 여지없이 하향길을 걷게 되고 쇠퇴하기 시작했습니다. 그러나 성경의 위대한 원리들에 대한 신념이 없어지기 시작하고 설교가 윤리적인 위대한 강연이나 훈계 그리고 도덕 정신의 함양, 설교보다는 사회 정치적인 대화로 자리바꿈을 하면서 퇴보하였다는 것은 놀랄 일이 아닙니다. 바로 그 점이 이러한 하향추세에 대한 첫째 되고 가장 큰 요인이라고 주장하는 바입니다."

모든 기도하는 하나님의 사람들은 성경의 권위와 능력을 인정하였습니다. 설교의 대가이며 위대한 부흥사였던 휫필드는 성경의 한 말씀 한 말씀에 아멘 하며 기도하는 마음으로 읽었을 때 어떤 신학교육에 비할 수 없는 최고의 유익을 얻었다고 하였습니다. 성 어거스틴의 회심과 마르틴 루터의 종교개혁 역시 하나님의 살아 있고 운동력 있는 말씀으로 시작되었습니다. 성경의 권위를 떨어뜨리는 모든 교육과 성경을 대하는 잘못된 태도가 성경을 통해 말씀하시는 하나님의 음성을 듣지 못하게 함을 인정해야 할 것입니다. 말씀의 권위를 인정케 하시는 성령의 역사를 체험해야 할 것입니다.

그러므로 깨닫게 하시는 하나님의 말씀이 나의 기도를 강하게 하고 있지 않다면, 나는 과연 성경을 하나님의 감동으로 기록된 말씀으로 경외하며 읽고 있는지 점검해 봐야 합니다. 하나님의 말씀을 기도하며 읽는 자는 반드시 하나님의 감동을 주실 것이고 그 감동이 깊어질수록 기도의 질과 양도 깊어지게 될 것입니다.

성경에서 가장 긴 장이 말씀에 관한 장(시 119편)인 것을 기억해야 할 것입니다. 복 있는 사람(시 1편)과 승리하는 사람(수 1장)은 각각 말씀을 묵상하는 자입니다. 예수님을 사랑하는 방법 역시 그의 계명을 가지고 지키는 것입니다(요 14:21).

예수님은 신명기의 말씀을 외워서 시험하는 자를 이기셨고(눅 4:1-13), 이사야의 말씀을 선포하시며 자신의 사역을 입증하고 선포하셨습니다.

하나님의 말씀을 경외하며 읽는 자에게 깨달음의 축복과 기도의 축복이 동시에 임하게 될 것입니다.

4) 성경 묵상으로 기도하면 성경의 저자와 하나님의 마음을 이해하며 기도할 수 있습니다.

성경은 하나님의 감동으로 된 것입니다. 그래서 성령께서 주시는 감정이입은 성경 저자의 마음과 등장인물의 마음, 또한 그 속에서 행하시는 살아 계신 하나님의 마음과 능력을 절실히 깨닫고 느끼게 해 줍니다.

모든 성경 저자의 기록 가운데 역사하시는 하나님의 마음은 일관적이며, 그 행하심도 일관적이기 때문에 우리는 성경 전 권을 통해 하나님의 마음과 하나님의 일하시는 원리들을 이해할 수 있습니다. 또한 성경인물들이 만난 하나님은 지금도 동일하신 우리의 아버지 하나님이시기에 현재의 우리에게도 성경은 실행적이고 실천적인 성격을 가진 하나님의 말씀입니다.

만약 기도할 때 성령의 임재나 기도의 연결선이 미약하거나 또는 의심이나 잡다한 생각들이 기도를 방해한다면 먼저 죄가 있는지 자신을 살펴보고 그 죄를 고백하십시오. 그 후에는 자신이 가장 최근에 은혜받고 감동받은 말씀들이나 성경의 장면들 또는 자신에게 열려진 말씀들을 수차례 되뇌이며 기도를 시작한다면 자신도 모르게 '부르릉' 하고 기도의 시동이 걸리는 것을 경험하게 됩니다. 이러한 방법은 기도하는 데 실패할 것이라는 두려움을 최소화시키고 기도 가운데 강한 에너지를 부여합니다.

기도는 속의 생각과 마음의 외침이 중요합니다. 조용한 내면의 기도와 부르짖는 기도가 조화를 이루어야 합니다.

'묵상'이란 뜻의 하가라는 말은, 우리말 뜻에서는 '묵묵히 마음속으로 생각하다'이지만 이 단어의 원어의 의미는 '중얼거리다'입니다. 즉, '입으로 되뇌이며 중얼거리다'라는 뜻이 원어의 의미입니다.

이것은 계속적으로 하나님의 말씀을 자신에게 반복하여 들리게 함으로 그 말씀이 자기의 생각을 완전히 지배하게 하라는 의미입니다.

이렇게 나의 생각과 가치관을 지배한 하나님의 말씀은 기도와 믿음의 강력한 힘과 능력이 됩니다. 나를 강하게 하고 나의 기도를 강하게 하는 말씀을 언제나 날카롭게 쓸 수 있는 성령의 검이요, 도구가 되도록 예비하는 것이 또한 중요합니다. 예수님은 마귀와의 영적 전투에서 말씀이 적혀 있는 두루마리를 읽지 않으셨습니다. 묵상되고 내면화된 하나님의 말씀을 외우시며 성령의 검으로 선포하며 사용하셨습니다(마 4장).

항상 중얼거리면서 나의 생각을 지배하여 능력과 믿음을 주는 말씀들이 몇 구절이나 되는지 생각해 봅시다. 그 말씀은 주야로 나를 도울 것입니다. 나를 강하게 하고 승리의 길로 인도할 것입니다.

다시 한 번 묻습니다.

나에게 살아 있고 운동력 있는 말씀은 무엇인가요?

그 말씀들을 기도 속에 강력하게 주장하며 감동받으며 사용해 보십시오. 이러한 하나님의 말씀은 기도의 시동을 걸어줄 뿐만 아니라 기도의 깊이 속에 들어가면서 믿음의 엑기스들이 흘러나와 힘있는 기도를 하도록 돕는 원료가 되어 줍니다.

추천 말씀들과 나의 말씀들을 정리해 봅시다. 때론 영어로 보는 것도 큰 도움이 됩니다. 꼭 헬라어나 히브리어로 봐야 은혜가 된다면 그렇게 하십시오. 그러나 대부분은 한글만으로도, 또는 영어를 참고하는 것만으로도 충분하다고 생각합니다.

**추천말씀들

1_ 누가복음 11:13

2_ 요한복음 1:12

3_ 이사야 40:31

4_ 사도행전 4:31

**나의말씀들

1_

2_

3_

성령께서는 말씀을 믿게 하시고 마귀는 말씀을 의심케 합니다 (창 2장). 하나님의 말씀을 언제까지 반신반의하며 공부만 하실 겁니까? 그 말씀이 나의 최고의 축복이 되도록 하나님께 간구한다면 우리의 영안이 열려 주의 법의 기이한 것들이 보이며 그 복을 달라고 간구하게 될 것이라 확신합니다.

"내 눈을 열어 주의 법의 기이한 것을 보게 하소서"(시 119:18)

"내가 주의 법을 어찌 그리 사랑하는지요 내가 그것을 종일 묵상하나이다 주의 계명이 나와 함께 함으로 그것이 나로 원수보다 지혜롭게 하나이다"(시 119:97-98)

"너희가 내 안에 거하고 내 말이 너희 안에 거하면 무엇이든지 원하는 대로 구하라 그리하면 이루리라"(요 15:7)

**적용문제

1_ 조지 뮐러가 확신있게 추천한 기도의 방법은 무엇이었으며 어떤 유익이 있었나요?

2_ 하나님의 말씀을 묵상하며 기도할 때 그 기도는 어떤 유익이 있나요?

3_ 기도의 시작에서 어려움을 겪고 있다면 어떤 것들을 생각해 보아야 하나요?

4_ 예수님께서는 성령의 검인 하나님의 말씀을 어떻게 사용하셨나요?

5_ 실제로 묵상하면서, 기도와 영적전투에서 사용되어지는 말씀과 그렇지 못한 말씀 사이에는 어떤 차이점이 있는지 살펴봅시다. 그러한 차이는 왜 생긴다고 생각하십니까?

III 기도함의 유익

Ⅲ
기도함의 유익

기도 속에는 최고의 영적 보물들이 숨겨져 있습니다. 보물이 내 것이 되는 방법은 무엇일까요? 직접 해 보고 체험하는 것입니다. 다른 사람의 경험이 아니라 기도를 직접 행하는 나의 경험을 통해 하나님의 신령한 말씀이 체험적인 뿌리를 내릴 때 우리의 믿음은 더욱 견고해지며 '복에 복'이 더해지게 됩니다.

기도의 유익이 나오는 말씀들과 원리를 기억하고 묵상하며 기도의 훈련을 해 나가시기 바랍니다.

기도의 유익 1

기도함을 삶의 최고 우선순위로 정할 때 하나님은 우리 삶의 모든 영역에 있어 질서를 잡아 주시고 시간을 아껴 주시고 모든 것을 더해 주십니다.

"너희는 먼저 그의 나라와 그의 의를 구하라 그리하면 이 모든 것을 너희에게 더하시리라"(마 6:33)

고든 박사는 "당신은 기도한 후에 기도보다 더 많은 일을 할 수 있다. 그러나 기도하기 전에는 기도보다 더 큰 일을 할 수 없다. 기도는 승리의 강타를 날리는 것이며 봉사는 단지 그 결과를 모으는 것이다."라고 하였습니다. 나는 나 스스로 일하려고 하는 자입니까? 아니면 전능하신 하나님이 일하시게 하는 자입니까? 그 결과는 어떠할까요?

우리가 기도 없이 일할 때에는 우리 혼자 일할 뿐이지만, 우리가 기도할 때에는 하나님께서 일하십니다.

기도로 하루를 시작할 때와 그렇지 않을 때 결과가 비슷하거나, 내적인 충만함과 열매가 비슷하다면 참으로 이상한 일입니다. 그럴 수 없습니다.

40-50분 이상의 기도로 하루를 시작한다면 그 하루는 이미 승리로 시작한 것입니다.

씨름선수가 샅바싸움에서 그렇게 열심히 주도권 쟁탈을 하듯이, 기도로 하루를 출발한다는 이야기는 영적인 생활의 승리를 선포하는 아침나팔 소리와 같습니다.

하루를 먼저 묵상으로 시작되는 기도로 열어간다면, 하나님은 나머지 시간과 상황들 동안 시간을 아끼게 하시고 활달한 마음을 가지게 하시며, 유혹들을 이겨 가장 최상의 상태로 삶을 살도록 도우실 것입니다.

종교개혁자 루터는 "나는 너무나 할 일이 많아서 3시간씩 기도하고 하루를 시작하여야 한다"고 하였습니다. 기도하지 못할 만큼 바쁜 사람은 없습니다. 바쁠수록 그 일들을 하나님께 맡겨드리며 일해야 합니다.

"너의 행사를 여호와께 맡기라 그리하면 너의 경영하는 것이 이루리라"(잠 16:3)

새벽과 아침을 기도로 출발하지 못하는 것은 하나님과의 관계의 부실함에서 오는 핑계들이라고 고백해야 합니다. 차라리 약속의 말씀을 붙들지 못한 믿음이 없는 자임을 고백하고 기도하고픈 마음을 달라고 기도하는 것이 이로울 것입니다.

내가 눈 뜬 그 시간부터 마치 물질의 십일조를 드리듯 기본 한 시간을 묵상과 기도로 드린다면 우리의 삶의 질과 분위기는 날마다 강하고 담대한 승리의 삶으로 바뀔 것입니다.

승리하신 예수님이 일어나 가장 먼저 하신 것은 하나님과 교제하시는 것이었고 새 힘과 능력을 받는 것이었습니다. 하물며 우리에게는 얼마나 더 기도의 시간이 필요하겠습니까?

"새벽 오히려 미명에 예수께서 일어나 나가 한적한 곳으로 가사 거기서 기도하시더니"(막 1:35)

생각하고 기도하기

1_ 나의 최고의 우선순위는 무엇입니까? 내가 일어나서 가장 먼저 관심을
   갖는 부분은 무엇입니까?

2_ 기상 후 말씀과 기도로 하루를 시작하려고 할 때, 방해하는 것은 어떤
   것이 있으며 어떻게 해결할 수 있을까요?

3_ 자신의 힘으로 매일을 사는 사람과 기도의 힘으로 매일을 사는 사람의
   차이는 무엇일까요?

4_ 깊은 기도로 시작한 날과 그렇지 않은 날은 어떤 차이가 있습니까?

기도의 유익 2

새 힘과 능력 즉, 하늘로부터 오는 능력으로 강하고 담대하게 살 수 있게 됩니다.

"오직 여호와를 앙망하는 자는 새 힘을 얻으리니 독수리의 날개치며 올라감 같을 것이요 달음박질하여도 곤비치 아니하겠고 걸어가도 피곤치 아니하리로다"(사 40:31)

당신은 세상에서 사람과 환경으로 인해 상처받고 마음이 어두워질 때 어떤 방법으로 마음을 다스리고 있습니까? 비디오방, 노

래방, PC방입니까? 그러한 것들은 근본적인 대책이 되질 못합니다. 오직 우리의 마음을 고치시는 분은 기도 속에서 우리를 만나 주시는 하나님이십니다. 우리는 기도의 골방으로 향해야만 살 길이 있습니다.

우리의 질그릇 같은 본성의 마음속에는 원래부터 낙담, 우울, 좌절, 포기하는 마음, 쓴뿌리 등이 잠재해 있습니다. 그렇게 이산화탄소가 가득 찬 마음속에 하나님은 기도를 통해 최고의 산소를 공급하십니다. 그리고 그 산소 속에는 강한 새 힘(new strength)까지 들어 있습니다. 영어로는 divine power(신령한 힘) 또는 supernatural power(초이성적인 힘)입니다. 그 힘으로 인해 낙담은 희망으로, 우울은 기쁨으로, 좌절은 소망으로, 포기하는 마음은 새로운 각오로, 쓴뿌리는 감사와 용서로 바뀝니다. 하나님이 기도 속에서 행하시는 일들입니다. 이러한 에너지는 그분께만 있습니다.

초대교회 교인들은 강한 핍박에도 구체적이고 강력한 기도를 하였고 그 기도 속에서 두려움과 연약함이 치료되고 모든 낙담과 좌절에서 해방되어 담대히 하나님의 일들을 수행하는 용사로 다시 태어나게 되었습니다. 그들은 강한 위협을 받은 후에 동료들과 함께 이렇게 기도하였습니다.

"주여 이제도 저희의 위협함을 하감하옵시고 또 종들로 하여금 담대

히 하나님의 말씀을 전하게 하여 주옵시며 손을 내밀어 병을 낫게 하
옵시고 표적과 기사가 거룩한 종 예수의 이름으로 이루어지게 하옵소
서 하더라 빌기를 다하매 모인 곳이 진동하더니 무리가 다 성령이 충
만하여 담대히 하나님의 말씀을 전하니라"(행 4:29-31)

전능하신 하나님이 성령의 권능을 다시 부어 주시는 장면입니
다. 오순절에 크게 받았지만 그들은 이렇게 빌기를 다시 함으로
새로운 성령의 재충만을 받고 약함 중에 강함을 맛보았습니다.
우리의 삶 속에 이러한 일들은 날마다 있을 수 있고 있어야만 합
니다. 우리의 개인기도 시간과 새벽기도회가 이런 역할들을 감당
해야 합니다.

스펄전은 "기도를 위하여 기도하고 기도가 될 때까지 기도하
라"고 하였습니다. 기도가 될 때까지 기도할 때 깊은 하나님과의
관계 속에서 새 힘은 공급됩니다. 새 힘으로 충만해지기까지 일
어서지 않으리라 각오하며 기도의 골방을 출입한다면 하나님은
그 마음의 소원을 이루실 것입니다(시 37:4).

기대 없이 기도의 시간과 장소에 가고 있지는 않습니까? 위의
말씀을 붙잡고 기도하십시오. 초대교인들이 받은 새 힘과 새로운
성령의 충만함이 당신의 기도시간에 부어질 것입니다. 주시는 분
은 동일한 우리의 살아 계신 아버지 하나님이시기 때문입니다.

**생각하고 기도하기

1_ 새 힘은 언제 공급되며 그 능력의 특징은 무엇인가요?

2_ 본성적인 내면의 어두움과 약함을 이기는 방법은 무엇인가요?

3_ 초대교인들은 환난과 핍박을 어떤 식으로 극복하였나요?

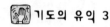 기도의 유익 3

날마다 소망과 기대로 가득 찬 삶을 살게 됩니다.

"그를 향하여 우리의 가진 바 담대한 것이 이것이니 그의 뜻대로 무엇을 구하면 들으심이라 우리가 무엇이든지 구하는 바를 들으시는 줄을 안즉 우리가 그에게 구한 그것을 얻은 줄을 또한 아느니라"(요일 5:14-15)

예수 그리스도와 연결된 사람은(요 15:5-7) 과실을 많이 맺게 되고, 무엇이든지 원하는 대로 구하면, 즉 그의 뜻대로 구하면 듣고 주신다는 것을 믿음의 영역에서 일어나는 영적 감각으로 알게 됩니다.

감각만이 중요한 것은 아니지만 분명히 말씀을 의지하며 깊은 기도를 할 때에는 이 일이 이루어질 것을 믿으며 기도하게 됩니다.

그러므로 현재 기도한 것이 가장 적당한 미래의 그 때에 이루어질 것을 믿고 기도하게 됨으로 마치 선물을 기대하는 아이처럼 순전하고 가슴 벅찬 소망과 기쁨의 삶을 살게 됩니다. 아버지께서 들으셨다는 것은 아버지께서 알아서 이제 주신다는 것을 포함하고 있습니다. 이러한 기도의 확신은 기도시간을 즐겁게 하고 믿음의 부요함 속에 즐거워할 수 있는 능력을 줍니다.

"그러므로 내가 너희에게 말하노니 무엇이든지 기도하고 구하는 것은 받은 줄로 믿으라 그리하면 너희에게 그대로 되리라"(막 11:24)

기도할 때 하나님을 믿으며 기도할 수 있다는 것은 최고의 축복 중의 하나입니다.

과거에 심은 것이 지금 이루어지는 것을 보며 하나님을 기뻐하고, 또한 현재에 기도한 것이 미래에 이루어질 것을 믿으며 하나님을 기뻐하고 소망할 수 있습니다. 이루어 주시는 선물보다 더 감사한 것은 전능하신 분이 우리의 기도를 듣고 계신다는 사실입니다. 선물보다 더 귀중한 것은 선물을 준 분의 사랑과 마음입니다.

그러나 불행하게도 지금 심은 것이 없다면 나중에 거둘 것도 없는 것입니다.

웨슬리는 "하나님은 믿음의 기도에 응답하시는 일 말고는 이

땅에서 어떤 일도 행하지 않으신다"라고 하였습니다. 당신은 많은 열매를 거두는 성공적인 삶을 살기를 원하십니까? 믿음의 기도 시간을 많이 가지시기 바랍니다.

믿음의 백지수표가 바로 우리의 번쩍 치켜든 믿음의 손과 뜨겁게 모은 기도의 손에 있습니다. 하나님은 그 수표에 하나님의 백성을 위하여 기적의 응답을 하실 것입니다. 오직 기도의 손에 소망이 있습니다. 『야베스의 기도』에 나오는 존이 경험한 천국 이야기를 인용합니다.

"베드로가 보여 주는 황금 길과 아름다운 저택 그리고 천사들이 부르는 노랫소리의 황홀함 속에서 이상하게 생긴 건물이 있었고 그 속에는 빨간 리본이 묶여진 하얀 상자들이 깔끔하게 정돈되어 있었다. 자기 이름이 쓰여진 상자의 리본을 풀고 안을 들여다 보았을 때 그 하얀 상자에는 그가 세상에 살아 있을 동안 하나님께서 그에게 주시기 원하셨던 많은 복들이 들어 있었다. 그러나 존은 전혀 구하지 않았다. '너희가 얻지 못함은 구하지 아니함이요(약 4:2)' 라는 말씀의 경우에 존은 해당되었던 것이다. 베드로는 옆에서 깊은 한숨을 쉬었다."

아마도 존은 기도 생활을 부실하게 했음을 너무나 후회하였을 것입니다. 우리도 이러한 실수를 범하고 있는지 살펴 보아야 할 것입니다.

**생각하고 기도하기

1_ 내가 최근에 받은 기도의 응답을 나누어 봅시다. 또한 잊을 수 없는 기도의 응답들도 나누어 봅시다. 서로의 체험을 나눌 때 그것은 서로의 것이 될 수 있습니다. 응답하신 분은 동일한 우리의 아버지이시기 때문에 그렇습니다.

2_ 『야베스의 기도』에 나오는 존이 경험한 천국 이야기가 나에게는 어떤 의미로 다가옵니까? 하나님이 예비한 복을 받지 못한 이유는 무엇이었나요? 하나님이 예비한 복을 크게 받아 누리는 방법은 무엇인가요?

3_ 기도하는 사람이 소망이 넘치는 삶을 살게 되는 이유는 무엇인가요?

기도의 유익 4

성령의 충만함을 받습니다.

"너희가 악할지라도 좋은 것을 자식에게 줄 줄 알거든 하물며 너희 천부께서 구하는 자에게 성령을 주시지 않겠느냐 하시니라"(눅 11:13)

이 말씀에서 중요한 부분은 구하는 자에게 주신다는 것입니다. 구하는 자에게 사랑이 넘치는 아버지께서 주신다는 것입니다. 가장 좋은 것을 주시는데 그것이 바로 성령의 충만함입니다.

마태복음의 동일한 구절에서는 성령을 '좋은 것'이라고 하였습니다. 우리가 볼 때에는 돈이나 건강이나 명예가 가장 좋은 것으로 보이지만, 하나님께서 아버지의 마음으로 보실 때에는 성령의 충만함이 우리에게 가장 좋은 것이라는 말입니다.

저는 몇 년 간을 이 말씀을 붙잡고 기도할 수밖에 없었습니다. 이 말씀을 하나님은 성령의 감동으로 열어 주시며 자나깨나 이 말씀을 생각나게 하시고, 그 말씀을 기도 속에서 가르치시기를 쉬지 않으셨습니다. 말씀에 붙잡힌다는 것이 이러한 것임을 알게 해 준 말씀입니다.

그런데 이 말씀에서 중요한 것은 구하여야 한다는 것이고 구하는 자에게 주신다고 약속하셨다는 것입니다. 구하지 않는다면 성령의 충만함이나 기름부음은 없습니다. 매일 순간순간 구해야 할 것입니다.

이 시대 최고의 전도자 빌리 그래함과 성령사역자 베니 힌 목사는 모두 "나에게 성령의 기름부음이 없다면 차라리 죽고 싶다"라고 말하였다고 합니다.

하나님의 남종과 여종에게 부어 주시며, 권능을 주어 그리스도의 증인이 되게 하시는 성령의 능력이 기도 속에서 나옵니다. 예배중 기도시간에 나옵니다. 찬양 속에서 나옵니다. 깊은 기도 속에서 나옵니다.

그 성령의 충만함과 권능으로 제자들은 사역하였고 승리하였습니다. 성령의 능력과 기름부음이 기도시간에 부어지기 때문입니다.

**생각하고 기도하기

1_ 왜 가장 좋은 것이 성령의 충만함이라고 말씀하셨을까요? (부모의 입장
   에서 생각해 볼 때)성령 충만함의 행복과 유익은 무엇인가요?

2_ 성령의 충만함을 받지 못하는 이유는 무엇이며 어떻게 우리는 성령의
   충만함을 받을 수 있을까요?

기도의 유익 5

우리의 악하고 약한 본성이 성령의 능력으로 말씀의 법에 길
들여집니다.

"노하기를 더디하는 자는 용사보다 낫고 자기의 마음을 다스리는 자
는 성을 빼앗는 자보다 나으니라"(잠 16:32)

노하기를 더디함과 마음을 다스리는 일이 얼마나 어려우면 용
사와 성을 빼앗는 자보다 더 낫다라고 하셨을까요? 그만큼 우리
의 악하고 약한 본성을 이기기가 어렵다는 말과 일맥상통할 수 있

습니다.

누구도 악하고 약한 우리의 본성을 이길 수 없습니다. 다른 종교는 자신의 힘으로 그것들을 극복해 보려 하나 그 한계가 분명히 보입니다. 억눌렸던 죄의 충동이나 욕구는 언젠가 튀어나오게 되어 있기 때문입니다.

그러나 기도를 통해서 성령의 힘이 우리의 속에서 권위와 능력을 갖게 될 때에 우리는 육체의 정욕을 이기고 마음의 타락한 본성을 이기며 살 수 있습니다. 우리의 힘과 의지력으로 우리의 마음을 잘 지키는 것은 거의 불가능합니다. 사도바울은 이렇게 말합니다.

"내 속 곧 내 육신에 선한 것이 거하지 아니하는 줄을 아노니 원함은 내게 있으나 선을 행하는 것은 없노라 내가 원하는 바 선은 하지 아니하고 원치 아니하는 바 악은 행하는도다"(롬 7:18-19)

그러므로 우리가 악하고 약한 본성을 길들이기 위해서는 하나님의 말씀에 순종해야 하는데, 그 순종은 깊은 기도를 통해서만 옵니다.

이것은 시소 게임과 같습니다. 힘과 무게의 싸움입니다. 우리는 이기되 절대적인 이김을 이 시소 게임에서 가져야 합니다. 그리스도의 십자가 앞에서 생각하고 행동할 때 또한 영생에 대한 소망이 분명할 때, 사단이 사용하는 우리의 본성은 점점 더 쉽게 물리쳐지며 성령의 명령권에 제어 당하게 됩니다.

기도함의 유익은 우리의 죄된 본성을 이기는 힘을 갖게 되는 것입니다.

생각하고 기도하기

1_ 우리가 우리의 죄성을 이기지 못하는 이유는 무엇인가요? 살인, 간음, 우울 등을 감당치 못해 세상과 심지어는 교회에서도 어떤 일들이 벌어지고 있는 이유는 무엇일까요?

2_ 우리의 타락한 본성을 이기는 효과적인 방법은 무엇인가요?

기도의 유익 6

깊은 기도로 사역을 하면 하나님이 주시는 아이디어와 개념으로 모든 사역을 성공적으로 수행할 수 있게 됩니다.

"너희 중에 누구든지 지혜가 부족하거든 모든 사람에게 후히 주시고 꾸짖지 아니하시는 하나님께 구하라 그리하면 주시리라"(약 1:5)

얕은 기도에서 깊은 기도로 나아갈수록 사역의 기술과 힘 그리고 확신을 더해 줍니다. 깊은 기도 속에서 하나님이 가르쳐 주시는 아이디어들을 사역 속에 적용하면, 그 사역은 확신과 기쁨 속에서 마침내 아름다운 열매들을 맺게 됩니다. 깊은 기도로 모든 사역을 시작하여야 합니다.

기도가 사역으로 연결되고 사역이 열매를 맺게 되기 때문입니다. 하나님과의 얄팍한 관계 속에서는 불안함과 약함 외에 아무것도 발견되지 않을 것입니다.

그러나 깊은 기도의 관계 속에서는 내게 능력 주시는 자 안에서 모든 것이 가능한 사람으로 변화될 것입니다. 깊은 기도 속에서 하나님의 음성을 듣게 되면 평강과 확신을 가지고 움직일 수 있습니다.

모세는 홍해 앞에서 기도를 통해 하나님의 음성과 방법을 듣고 큰 확신 속에서 백성의 비통함과 불신을 잠재울 수 있었습니다.

"여호와께서 모세에게 이르시되 너는 어찌하여 내게 부르짖느뇨 이스라엘 자손을 명하여 앞으로 나가게 하고 지팡이를 들고 손을 바다 위로 내밀어 그것으로 갈라지게 하라"(출 14:15-16)

모세는 하나님의 사역의 방법을 들었고, 그 말씀에 순종함으로 기적을 맛보았습니다.

"모세가 바다 위로 손을 내어민대 여호와께서 큰 동풍으로 밤새도록 바닷물을 물러가게 하시니 물이 갈라져 바다가 마른 땅이 된지라"(출

14:21)

기도 속에서 시작한 사역은 하나님이 함께 하시며, 반드시 기적 속의 승리를 경험하게 됩니다.

**생각하고 기도하기

1_ 왜 기도, 사역, 열매의 순서인지를 말해 봅시다.

2_ 기적의 열매를 맺고 싶을 때 하나님은 기도 속에서 어떤 일들을 해 주시나요?

3_ 기도함으로 효과적인 사역을 한 경험들을 나누어 봅시다.

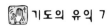 **기도의 유익 7**

인간관계 속에서 승리하게 됩니다.

"사람의 행위가 여호와를 기쁘시게 하면 그 사람의 원수라도 그로 더불어 화목하게 하시느니라"(잠 16:7)

　하나님과의 수직적인 관계가 회복된 사람은, 사람과의 수평적인 관계도 회복하게 됩니다. 하나님께 인정받는 사람은 사람에게도 인정받게 하십니다. 순서가 반대로 된다면 언젠가는 사람과의 관계도 무너지고 하나님과의 관계 역시 무너집니다. 언제나 살아계신 하나님 앞에서 그분의 마음을 만족시켜 드리면 하나님은 사람에게도 사랑받게 하시고 칭찬받게 하십니다.

"예수는 그 지혜와 그 키가 자라가며 하나님과 사람에게 더 사랑스러워 가시더라"(눅 2:52)

여호수아는 여호수아 1장 앞부분에서 하나님께 인정을 받았고, 뒷부분에서는 사람들에게도 인정을 받습니다.

"우리는 범사에 모세를 청종한 것같이 당신을 청종하려니와 …누구든지 당신의 명령을 거역하며 무릇 당신의 시키시는 말씀을 청종치 아니하는 자 그는 죽임을 당하리니 오직 당신은 마음을 강하게 하시며 담대히 하소서"(수 1:17-18)

다윗 역시 하나님의 인정과 사랑을 받으니 결국 백성들의 인정과 사랑을 받습니다.

"사울이 죽인 자는 천천이요 다윗의 죽인 자는 만만이로다"(삼상 21:11)

깊은 기도 속에 깨어 있으면 사람들을 위해 기도하게 됩니다. 하나님을 만족시키며 사람들을 만족시키게 됩니다. 기도해 주는 사람에게는 고마움을 느끼게 됩니다. 그래서 기도하는 인간관계는 더욱 좋아지게 됩니다. 주위의 사람들을 위해 날마다 구체적으로 기도해 보십시오. 그 사람과 영적인 친분을 갖게 됩니다.

또한 기도하는 사람은 많이 참을 수 있고, 화도 덜 내게 되고 과격해지는 등의 실수도 덜하게 됩니다. 그러므로 깨어지는 관계들이 점차 줄어들게 됩니다. 하나님은 기도하는 사람을 인간관계 속에서도 성공하게 하십니다. 편안함과 미소의 얼굴은 좋은 관계들을 형성케 해 줍니다. 기도하는 사람들은 얼굴 표정도 더욱 밝게 변해감을 봅니다. 모세가 그 대표적인 예입니다. 베드로 역시 그러합니다.

이러한 사람이 한 그룹에 한두 명만 있어도 그곳은 그들로 인해 신선함과 기쁨이 있습니다. 하나님과의 기도를 통한 수직적인 관계의 회복은 수평적인 인간관계 속에서도 열매를 거두게 합니다.

✱✱생각하고 기도하기

1_ 매일의 인간관계 속에서 하나님을 먼저 기쁘시게 함으로 얻게 되는 유익들에는 어떤 것들이 있나요? 나에게 얼마나 필수적인가요?

2_ 나의 관계 중에 얽혀 있거나 상처 속에서 고통받는 것들이 있다면 어떻게 주님 안에서 해결할 수 있을까요?

기도의 유익 8

영적 분별력과 직관력으로 많은 시간과 물질의 낭비를 줄일
수 있습니다.

"세월을 아끼라 때가 악하니라 그러므로 어리석은 자가 되지 말고 오
직 주의 뜻이 무엇인가 이해하라 술 취하지 말라 이는 방탕한 것이니
오직 성령의 충만을 받으라"(엡 5:16-18)

기도를 통한 성령의 충만함은 우리를 착하고 충성된 종이 되도
록 하며, 시간과 돈 그리고 건강의 청지기가 되게 하여 세월을 아

끼고 재물을 선한 데 쓰며 건강조차도 절제하여 쓰게 합니다. 그 래서 어리석은 자에서 하나님의 뜻을 이해하는 사람으로 변화 되 게 합니다.

성령으로 충만한 사람이 눈이 충혈될 때까지 텔레비전과 인터 넷에 인생의 많은 부분을 허비할 수 있을까요?

사람들은 인생의 시간에서 잠으로 약 26년을 쓰고 식사시간으 로 약 8년을 쓴다고 합니다. 벌써 80-34=46년입니다. 46년에서 텔레비전을 보는 시간과 놀러 다니는 시간 등을 빼면 정말 주님을 위해 쓰는 시간은 적습니다.

성령으로 건전한 정신을 가진 사람이 돈과 시간을 헤프게 쓸 수 있을까요? 깊은 기도를 통해 성령으로 충만해진 사람은 영생을 대 비함으로 시간과 물질을 오직 주님과 그의 나라를 위해 씁니다. 최선을 다해 살게 됩니다. 인생의 시간이 흘러감을 인식하고 나머 지 인생으로 주를 기쁘시게 할 것이 무엇인지 알아내어 그곳에 투 자 합니다.

그러므로 지혜와 총명의 신의 감동을 받아 삶을 살게 되고, 모 든 결정(여가 시간을 사용함에 있어서, 물건을 구입할 때, 배우자 를 선택할 때, 인터넷을 사용함에 있어) 속에서 착하고 충성된 청 지기의 역할을 감당하게 됩니다.

세월을 아끼는 최선의 방법은 기도를 통한 성령의 충만함으로 올바른 정신상태를 유지하여 날마다 또한 순간순간 주를 기쁘시게 하는 것을 선택하는 것입니다. 그러므로 깊은 기도의 유익은 세월을 아끼게 합니다.

생각하고 기도하기

1_ 시간과 재물은 누구의 것인가요? 이것이 나에게 잠시 맡겨진 것이라면 어떻게 써야 할까요?

2_ 시간과 물질을 가장 효과적으로 쓰는 방법은 무엇인가요?

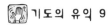 기도의 유익 9

깊은 기도는 예수 그리스도를 꾸준히 전할 수 있게 합니다.

"오직 성령이 너희에게 임하시면 너희가 권능을 받고 예루살렘과 온 유대와 사마리아와 땅끝까지 이르러 내 증인이 되리라"(행 1:8)

"주여 이제도 저희의 위협함을 하감하옵시고 또 종들로 하여금 담대히 하나님의 말씀을 전하게 하여 주옵시며 손을 내밀어 병을 낫게 하옵시고 표적과 기사가 거룩한 종 예수의 이름으로 이루어지게 하옵소서 하더라 빌기를 다하매 모인 곳이 진동하더니 무리가 다 성령이 충만하여 담대히 하나님의 말씀을 전하니라"(행 4:29-31)

베드로의 기사와 표적 그리고 설교로 오천 명이 새롭게 믿는 자가 되었습니다. 이튿날 모인 관원과 장로와 서기관들은 그들을 협박하여 도무지 예수의 이름으로 말하지도 말고 가르치지도 말라 하였고, 베드로와 요한은 대답하기를 "하나님 앞에서 너희 말 듣는 것이 하나님 말씀 듣는 것보다 옳은가 판단하라 우리는 보고 들은 것을 말하지 아니할 수 없다"고 죽음을 불사한 담대함을 보였습니다.

또한 그들은 풀려난 후 동류들과 함께 구체적으로 일심으로 소리를 높여 기도함으로 성령의 재 충만을 받고 위협과 협박에도 불구하고 담대히 하나님의 말씀을 전하는 자가 되었습니다.

깊은 기도를 통한 성령의 충만함은 우리에게 성령의 능력으로 담대함을 주어 예수 그리스도의 복음을 지속적으로 또한 효과적으로 전하게 합니다. 미국의 유명한 부흥사인 찰스 피니 역시 기도가 부족하면 부흥이 멈춘다는 것을 알았기에, 그는 곧바로 하루 종일 기도함으로 전도 사역을 계속하였다고 합니다. 증인됨은 오직 성령이 임할 때에 되는 것입니다.

매일 깊은 기도를 하는 자가 아니면 전도의 효과도 전도의 지속성도 기대하기 어렵습니다. 전도는 우리가 하는 것이긴 하지만 우리 속에 보배로우신 하나님께서 능력을 주셔야 할 수 있는 것입니다. 기도와 충만함 없이 전도하는 것은 사람으로 하여금 금방 지치게 합니다. 그러나 빌기를 다하는 기도 후에 임하는 전도의 시간은 승리의 시간이요, 자유함 속의 담대함의 시간입니다.

하나님과 대면하여 모세같이 빛나는 얼굴을 가지고, 또한 금식하며 기도함으로 다니엘같이 얼굴이 더욱 아름답고 살이 더욱 윤택한 상태로, 또한 스데반같이 빛나는 얼굴로 전도할 때 우리는 그리스도의 향기 나는 편지가 될 것입니다.

✳✳생각하고 기도하기

1_ 전도를 지속적으로 할 수 있는 최선의 방법은 무엇인가요?

2_ 전도 시간이 힘든 이유는 무엇인가요?

3_ 전도시에 사람들이 불편해하는 이유는 무엇이며, 사람들은 어떤 사람에게 호의적으로 반응할까요?

기도의 유익 10

기도함을 통해 사랑하는 자들의 신변을 보호하고 병을 고치게 됩니다.

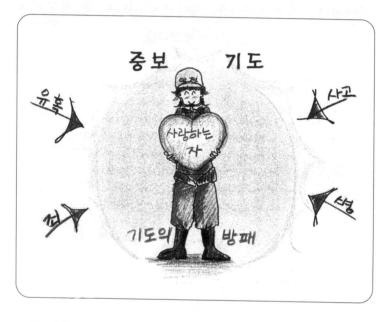

"의인의 간구는 역사하는 힘이 많으니라"(약 5:16 하반절)

만약 우리의 자녀나 사랑하는 사람들을 위해 꾸준히 "잔병과 큰병이 걸리지 않게 하시고 모든 위험에서 그리스도의 보혈로 막아 주소서"라고 기도한다면, 우리의 기도 대상자들은 기도를 통해 얻은 방패를 소유하게 되어 보호를 받게 되는 것을 종종 볼 수 있습니다. 세계적으로 알려진 사람의 예를 들지 않더라도 우리의 자녀와 주위사람들의 경험에서 많은 실례들을 찾아 볼 수 있습니다. 참으로 중보기도는 진실한 사랑의 표현입니다.

개인적으로 필자는 눈과 심장이 좋지 않아 약 3년여 기간을 아파서 시달렸는데, 교회학교 교사들의 중보기도를 통하여 치유되었습니다. 오른쪽 눈은 30분 정도의 텔레비전 시청이 어려울 정도였고, 자주 흐릿해지며 책을 볼 때에도 1-2시간이면 충혈이 되어서 많은 불편이 있었습니다. 더욱이 시험을 준비하던 때라서 눈의 건강이 정말 소중하였습니다. 그래서 교사들에게 중보기도를 부탁하였는데 부탁한 바로 그 날 저녁 즉시 치유가 되었습니다.

또한 심장은 하루에 3시간 정도만 일을 하면 지치는 협심증 같은 증상이 있어서 설교나 부흥회 후에는 어지러움과 피곤함이 있었고 참으로 고생이 심하였습니다. 그런데 그 심장도 중보기도로 약 4일 정도 후에 교회에서 성경을 보고 있을 때에 기도로 나은 것을 알 수 있었습니다. 두 부분 다 기적적으로 치유되어 그 후 2년 6개월 정도 지난 지금까지 건강함이 계속 유지되고 있으며, 기도로 병 고침의 역사를 맛보게 되었습니다. 그 고마움은 받아 본 사람만이 알며, 그 기쁨은 직접 맛본 사람만이 알 수 있을 것입니다.

또한 성도의 중보기도 능력은 아침에 잠에서 깨어나는 기도 대상자들의 영혼의 잔을 은혜로 넘치게 하는 능력이 있습니다. 교육전도사로 사역할 때에 성도들의 새벽기도의 힘이 나에게 강하게 역사하는 것을 알 수 있었습니다. 그것은 나의 잔이 넘쳐흐를 정도였습니다.

또한 저희는 대문 바로 앞에 차가 계속 지나다니는 위험한 지역에 살기에 사랑하는 두 자녀(일곱 살, 네 살)를 위해 거의 매일 기도할 수밖에 없습니다. "주여 모든 작고 큰 병과 위험에서 보호해 주소서!"라고 말입니다. 그들의 병원 가는 일이 현저히 줄어드는 것을 볼 수 있었습니다.

한번은 아들이 세 살때 가슴이 교회의 장의자에 깔렸습니다. 유아실에서 의자에 올라가지는 못하고 바라만 보며 그 밑에서 놀던 아들이 4-5명의 형들이 뛰놀던 장의자가 기울어져 그 밑에 깔린 것입니다. 아내는 너무나 놀랐고, 아들은 자지러지게 울어대었습니다. 가슴에는 장의자에 깔렸던 자국이 분홍색으로 남아 있었습니다. 주일 저녁예배 때라서 급히 차를 몰아 병원 응급실로 갔고 의사가 오기까지는 5분 정도의 시간이 걸렸습니다. 그 시간에 할 수 있는 일은 기도밖에는 없기에 배에 손을 얹고 내장들을 위해 기도하였습니다. 놀란 신경들이 마구 뛰는 것을 느낄 수 있었고 그 신경들이 급속히 가라앉는 것을 느꼈습니다. 5분 정도 후에 도착한 의사는 아이의 엑스레이 촬영을 하였습니다. 검사 결과 전혀 다친 곳이 없었고, 곧 집으로 올 수 있었습니다. 심하게 다칠 수도 있는 상황이었으나 하나님은 평소의 기도를 들으셨고 또한 응급실에서의 치유기도를 들으셨음을 다시 한 번 가르쳐 주신 사건이었습니다.

우리가 서로를 위해 기도한다면 기도의 강한 삼겹줄로, 또한 기도의 방패로 더욱 강한 그리스도인의 삶을 서로가 누릴 수 있을 것입니다. 그 기도는 결코 약하거나 짧아서는 안 되는 겟세마네의 기도이어야 합니다. 나 한 명이 꾸준하고 깊은 기도를 함으로 여러 사람을 보호하고 치료한다는 사실을 잊어서는 안 되겠습니다. 하나님은 한 마디의 기도도 땅에 떨어지지 않도록 사랑하는 사람들의 영과 혼과 육을 기도의 방패로 지키시는 분이심을 깊은 기도를 통하여 체험하게 됩니다.

부족한 본인을 위한 몇몇 사람들의 기도는 하나님의 사역으로 걸어가는 저를 더욱 달려가게 하는 원동력이 되며, 어둠의 공격에 방패가 되어 주는 것을 많이 느끼게 됩니다.

**생각하고 기도하기

1_ 나의 중보기도는 나 개인과 가정과 교회와 직장에 어떤 영향력을 끼치게
   됩니까?

2_ 나의 삶 속에서 기도를 통해 보호받거나 치유 받은 사건이 있다면 나누
   어 봅시다.

3_ 하나님은 이러한 기도의 응답을 통해 무엇을 하시기를 원하십니까?

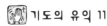 **기 도 의 유 익 11**

우리는 기도함과 기도의 응답을 통해 그리스도의 십자가의 승리를 집행하고 체험합니다.

"우리를 거스리고 우리를 대적하는 의문에 쓴 증서를 도말하시고 제하여 버리사 십자가에 못박으시고 정사와 권세를 벗어버려 밝히 드러내시고 십자가로 승리하셨느니라"(골 2:14-15)

예수님이 죄와 사망 권세를 이기시고 십자가로 승리하셨습니다. 예수님은 다 이루셨다고 말씀하셨고 예수님의 말씀은 진실과

진리입니다.

이제 우리가 기도 속에서 죄를 자백하면 그 죄는 즉시 예수님의 보혈로 씻어지며, 사단의 정죄는 예수님의 구속으로 무력화됩니다. 그분이 지금도 적용되는 십자가의 보혈로 씻으시는데 왜 사단이 계속 놀려대야 합니까?

우리는 우리의 죄를 자백하고 그 사랑과 용서의 피로 씻을 때마다 놀라운 사랑과 인자하심을 느끼며 다시 한 번 하나님과의 관계가 정상화되는 것을 알 수 있습니다. 느낌으로 오지 않더라도 믿음으로 자백하면 그 피로 우리를 더러운 죄악에서 정결하게 씻어 주십니다. 보혈을 적용해야 합니다.

또한 모든 이름 위에 뛰어나시며 하늘과 땅의 권세를 지니신 예수님의 이름으로 병과 귀신은 쫓겨나며, 우리는 쫓기는 자에서 쫓는 자가 되었습니다. 이러한 승리를 우리는 기도를 통하여 집행하고 그 실체를 체험하게 됩니다. 그리스도의 죄 사함과 십자가의 승리는 기도를 통하여 우리의 것이 됩니다.

그러므로 예수님은 구하라고 또한 끈질기게 구하라고 말씀하셨습니다. 구하는 것은 우리의 몫이요, 예수 그리스도의 승리 속에서 응답하시는 분은 하나님이시므로 우리는 그리스도의 승리가 법적으로뿐만 아니라 우리의 삶 속에서 실제적으로 집행되게 하기 위해 기도해야 할 것입니다.

**생각하고 기도하기

1_ 예수님은 십자가로 승리하셨는데 어떤 부분들에 대하여 승리하셨습니까?

2_ 예수님의 십자가의 승리가 나의 삶 속에서 승리로 이어지도록 하는 방법은 무엇인가요?

3_ 사도행전의 제자들은 예수님의 승리를 어떻게 집행하였나요?

기도의 유익 12

매일 기도함을 통하여 우리는 하나님과의 친밀감을 강하게 할 수 있습니다.

"여호와의 친밀함이 경외하는 자에게 있음이여 그 언약을 저희에게 보이시리로다"(시 25:14)

예수님의 성경 해석은 바리새인들의 것과 달랐습니다. 바리새인들은 하나님의 마음을 모르고 성경을 문자적으로만 해석하였습니다. 그러나 예수님은 성경의 깊은 뜻을 알고 있었습니다. 그 이유는 예수님이 하나님 자신이기 때문이기도 하지만, 매일의 기도와 말씀의 깨달음을 통하여 하나님과의 친밀함 속에서 성경을 볼 수 있는 능력을 갖고 계셨기 때문이기도 합니다.

"예수께서 사두개인들로 대답할 수 없게 하셨다 함을 바리새인들이 듣고 모였는데 그 중에 한 율법사가 예수를 시험하여 묻되 선생님이여 율법 중에 어느 계명이 크니이까 예수께서 가라사대 네 마음을 다하고 목숨을 다하고 뜻을 다하여 주 너의 하나님을 사랑하라 하셨으니 이것이 크고 첫째 되는 계명이요 둘째는 그와 같으니 네 이웃을 네 몸과 같이 사랑하라 하셨으니 이 두 계명이 온 율법과 선지자의 강령이니라"(마 22:34-40)

기도를 통하여 내 눈을 열어서 그 말씀을 깨닫게 해 달라고 하십시오(시 119:18). 하나님의 성령께서 그 길을 열어 주시며 하나님과의 친밀함을 더하여 주실 것입니다.

기도를 통하여 우리는 하나님의 마음을 조금씩 더 알아 갈 수 있으며 하나님의 말씀을 열린 눈으로 볼 수 있게 됩니다. 하나님 아버지와의 친밀함이야말로 우리의 삶 속에 양자됨을 확인할 수 있는(요 1:12) 가장 큰 기도의 축복 중 하나입니다.

IV   기도의 개념을 알고
기도하면 기도가 더 쉽다

- 기도할 힘을 먼저 구하고 그 후 받은 힘으로 기도해 봅시다
- 기도는 수영하기와 비슷합니다
- 기도는 자전거 타기와 비슷합니다
- 기도는 새벽과 아침을 중심으로 해야 합니다
- 나는 질그릇일 뿐이며 내 속의 주님은 보배이심을 기억하며 기도하면
  좋습니다
- 구름 아래의 새와 구름 위의 새
- 기도 속의 극적인 변화
- 세 원의 비유
- 두 개의 잔을 생각하며 기도합시다
- 방언으로 기도하십시오
- 성막 속으로 들어가 기도하십시오
- 묵상한 말씀을 외우면서 또한 묵상한 말씀을 생각하면서 기도하십시오

5. 나의 개인적인 기도 제목들로 기도합니다(최대한 기도)

나의 기도 제목으로 하나님 앞에서 기도함(세 원의 비유를 사용하세요!
p.114 큰 원-능력의 하나님/ 중간 원-소망의 기도제목의 완성/ 작은 원-문제).

아무것도 염려하지 말고 오직 모든 일에 기도와 간구로, 너희 구할 것을 감사
함으로 하나님께 아뢰라 그리하면 모든 지각에 뛰어난 하나님의 평강이 그
리스도 예수 안에서 너희 마음과 생각을 지키시리라(빌 4:6-7)

내게 능력 주시는 자 안에서 내가 모든 것을 할 수 있느니라(빌 4:13)

6. 더 긴급하거나 기도 중 하나님이 강조하시는 제목을 더 많이 기도합니다(10
분 이상)—세 원의 비유, 질그릇 속의 보배, 구름 위의 새 p. 109

의인의 간구는 역사하는 힘이 많으니라(약 5:16)

7. 교회(교역자와 교회 부흥)와 가족 지체들을 위하여 방패기도(중보기도 p.84 -
도와주는 기도)를 합니다. 하나님이 이루실 것을 믿으며 확신과 평강이 올 때까
지 예배와 삶 속에서 계속 기도합니다.(15분)

우리 가운데서 역사하시는 능력대로 우리의 온갖 구하는 것이나 생각하는
것에 더 넘치도록 능히 하실 이에게 교회 안에서와 그리스도 예수 안에서 영
광이 대대로 영원 무궁하기를 원하노라 아멘(엡 3:20-21)

···▶ 단계를 더 빨리 또는 더 느리게 사용할 수 있습니다.
처음의 4번까지를 새벽기도나 아침기도 시간에 통과하였다면, 그 다음 기도시
간에는 5번부터 기도하셔도 됩니다. 기도를 통하여 하늘의 능력으로 승리하는
매일이 되시기 바랍니다.

이르시되 기도 외에 다른 것으로는 이런 유가 나갈 수 없느니라 하시니라(막 9:29)

오려서 사용하세요

IV

기도의 개념을 알고 기도하면 기도가 더 쉽다

기도할 힘을 먼저 구하고 그 후 받은 힘으로 기도해 봅시다

(기도는 양방향 서비스입니다)

기도할 때 과연 이번 기도는 잘 될 것인가? 혹시 이번의 기도는 실패하지 않을까 하는 걱정이 기도 시간을 방해하곤 합니다. 그럴 땐 이렇게 한번 해 보시기 바랍니다.

먼저 기도할 힘을 달라고 1번의 기도를 올립니다. 그러면 다시 하나님은 기도할 힘을 2번의 화살표 속에서 주십니다. 그 2번의 화살표 속에서 온 능력으로 3번처럼 기도합니다. 그러면 3번의 기도에 4번으로 응답하십니다. 다시 5번의 기도를 드리고 나면 6번의 반응을 해 주십니다.

하나님이 주시는 힘을 먼저 공급받아 언제나 기도의 즐거움을 누릴 수 있다면, 기도 시간에 응답에 대한 불안한 마음을 가지고 기도 시간을 기피하는 일은 점차로 줄어들게 됩니다.

스펄전 목사님은 "기도를 위하여 기도하라. 기도가 될 때까지 기도하라"라고 말하였습니다. 기도를 위하여 먼저 기도하며 기도를 할 수 있는 힘을 기도 시간에 먼저 받아 그 받은 힘으로 기도해 나간다면 기도 시간 가운데 우리는 언제나 성공적으로 하나님과 교제할 수 있을 것입니다.

● 기도할 힘을 먼저 구해야 하는 이유는 무엇이며 어떻게 기도해야 하는 것입니까?

기도는 수영하기와 비슷합니다

초보 수영자의 특징이 무엇일까요? 물이 두렵습니다. 자주 물을 먹습니다. 수영하고 나서 상쾌하기보다는 오히려 피곤합니다. 그리고 많은 힘을 들여 수영을 해보지만 몇 미터 못 가서 다시 빠지고 맙니다. 재미가 없습니다. 다시는 하고 싶지 않습니다.

초보 수영자가 가장 부러운 사람은 물 속에서 자유스러운 사람, 그렇게 큰 힘 들이지 않는 것 같은데 멋지게 쭉쭉 뻗어 나가는 수영선수들입니다. 그 건장한 몸과 기술이 부럽습니다.

그 사람은 오랜 시간을 수영해도 그렇게 많이 피곤해 보이지 않고, 수영하면서 강약을 조절하며 호흡도 쉽게 해내고 다이빙과 잠수도 멋지게 합니다.

이 초보 수영자가 수영 코치에 의해 수영을 배웁니다. 5미터만 갈 수 있던 것이 10미터, 20미터, 50미터를 완주합니다. 몇 달 후 아니, 몇 년 후 이 사람은 쉬지 않고 수영하는 사람이 됩니다.

그리고 주위에서 자신을 부러워하는 수영 초보자들을 발견하게 됩니다.

여기서 미터 단위는 기도에서는 시간을 말합니다. 처음 기도는 5분이 어렵습니다. 그러나 그 5분이 10분이 되고, 10분이 20분이 되고, 20분이 40분이 되고 수개월 수년이 지나면, 5분이 5시간 처럼 느껴지던 것이 어느새 1시간이 5분처럼 느껴지는 변화를 가져옵니다. 그리고 그는 2-3시간을 기도할 수 있는 기도의 선수가 됩니다.

이제 기도 속에서 여러 폼들이 나옵니다. 수영선수가 자유형, 평영, 배영, 잠영, 접영 등 여러 모양으로 헤엄을 치듯, 기도선수는 주님 안에서 기도하고 간구하고 중보하고 묵상하고 찬양하는 여러 형태로 기도 시간을 가지게 됩니다. 내 기도하는 그 시간 그 때가 가장 즐거운 사람이 됩니다.

어떤 사람에게 수영은 고역이지만 어떤 사람에게는 수영이 즐거움이요, 건강한 삶을 유지하는 방법입니다. 기도는 이론보다는 실제로 적용하는 것입니다. 예체능계의 시험에서 실기가 80-90점이 되듯이 하나님은 기도에서도 실천한 사람에게 많은 점수를 주실 것입니다.

또한 기도를 운동에 비유할 수 있는데, 운동하기 전에는 하기 싫고 귀찮기도 하지만 운동을 한 후에는 몸과 마음에 큰 유익이 있습니다. 다음 번 운동할 때는 더욱 잘 할 수 있는 체력과 능력이 길러집니다.

기도 역시 운동과 마찬가지로 힘들고 어렵게 기도의 골방에 들어가기도 하지만, 그 골방에서 나올 때의 상태는 기도실에 들어갈 때의 모습과는 너무나 다른 상태인 것을 언제나 경험하게 됩니다. 은밀한 중에 보시고 들으시는 아버지께서 갚아 주시기 때문입니다. 다음 번 기도할 때에는 더욱 기쁨으로 간구할 수 있게 됩니다.

한 가지 더 나누고 싶은 것은 운동한 사람이 꿀과 같은 밥맛을 즐기듯이, 영혼의 운동인 깊은 기도를 하는 사람들은 거의 한결같이 꿀송이 같은 하나님의 말씀을 먹는 것을 보게 됩니다. 밥맛 없는 자는 어떤 자입니까? 봉사하지 않고 기도하지 않는 사람은 말씀의 맛이 없습니다.

기도하는 영혼에게는 "주의 말씀의 맛이 내게 어찌 그리 단지요 내 입에 꿀보다 더하니이다"(시 119:103)라는 하나님의 말씀이 이루어지게 됩니다. 성령의 감동으로 쓰여진 하나님의 말씀을 성령의 감동으로 볼 수 있는 특권은 기도를 통해 성령 충만해진 사람들에게만 주시는 것입니다.

● 기도와 수영의 비슷한 점을 이야기해 봅시다.

● 기도는 영혼의 운동이기도 합니다. 기도하는 사람의 영혼의 밥맛은 어떠한가요? 그 이유는?

기도는 자전거 타기와 비슷합니다

자전거를 탈 때, 처음에는 어느 정도의 속도를 붙이기가 어렵습니다. 그러나 어느 정도 속도를 붙이게 되면 점점 페달을 밟는 것이 쉬워집니다. 기도도 처음 시작할 때에는 조금 힘이 들지만 30-40분 정도의 시간이 흐르고 기도의 페달을 밟다보면 기도하기가 점점 쉬워집니다. 자전거가 더욱 힘차게 달려가는 것처럼 말입니다. 이제 두 발을 대고만 있어도 굴러갑니다. 그러나 어느 정도 속도가 줄어들 때는 다시 굴려야 합니다. 방심하면 자전거는 속력을 잃고 쓰러지게 됩니다.

새벽이나 아침에 힘찬 기도의 페달을 밟아야 합니다. 새벽에 기도 시간을 갖고 난 후 그 골방을 나올 때가 사실은 또 다른 기도 시간의 시작이라고 생각해야 합니다. '이제 기도 다 했다' 가 아니라, 이제 하루 종일 기도할 수 있는 속력(기도의 상태)을 마련하였다고 생각하여야 합니다. 그래서 걸어다니면서 또한 차를 운전하면서 하나님의 뜻과 통치와 임재가 우리 삶의 모든 영역 속에 이루어지도록 쉬지 말고 기도하여야 합니다.

그러할 때 우리의 영은 참으로 풍성함을 누리게 됩니다. 우리가 새벽과 아침에 기도의 상태와 속도를 조절하였다면 하루 종일 그 기도의 자전거가 넘어지지 않도록 중간중간 기도의 페달을 밟아 주어야 할 것입니다. 그렇게 되면 더 많은 부분을 중보할 수 있고 실수도 더 적어지고 주님의 세밀한 음성이 더 자세히 들려오게 될 것입니다. 주님이 만드신 아름다운 자연을 더 아름답게 보게 되고 주님의 동행하심 속에 더 많은 하나님의 일들을 성취하게 될 것입니다.

● 기도와 자전거 타기는 어떤 면에서 서로 비슷한가요?

● 나는 어떻게 기도의 속도를 조절하고 있습니까?

기도는 새벽과 아침을 중심으로 해야 합니다

"새벽 오히려 미명에 예수께서 일어나 나가 한적한 곳으로 가사 거기서 기도하시더니"(막 1:35)
"여호와여 아침에 주께서 나의 소리를 들으시리니 아침에 내가 주께 기도하고 바라리이다"(시 5:3)

어떤 사람들은 저녁을 중심으로 기도하는데 예수님의 기도의 모범은 일어나자마자 시작되었습니다. 먼저 위로부터 내리는 하나님의 힘을 받아야 하루를 잘 감당할 것 아닙니까? 전투에 나가기 전에 무장을 하는 것이 옳은지 아니면 전투를 끝낸 후에 무장을 하는 것이 옳은지 생각해 봅시다.

새벽과 아침에 그리고 일어나자마자 말씀 묵상으로 시작하는 깊은 기도로 마음과 영혼을 강하게 무장하고 나가 싸워 이기고, 밤에는 다시 감사와 정비하는 기도를 하는 것이 영적 군사의 매일이 되어야 합니다.

또한 잊지 말아야 할 것은 우리의 수면시간 이전의 시간이 참으로 중요합니다. 만약 텔레비전과 비디오 등으로 우리의 뇌를 가득 채운 채 충혈된 눈과 메마른 심령으로 잠자리에 든다면 그 수면시간은 은혜로운 시간이 되기 어렵습니다. 그 결과 다음날 기도의 감각이 많이 무뎌지는 것을 경험할 수 있습니다.

그러므로 잠자리에 들기 전 5분 내지 10분이라도 영적인 대화나 감사의 기도 등으로 주님과 함께 잠든다면 수면시간은 은혜의 시간이 될 것이고, 아침에 깰 때에 주 형상에 만족하고 주님의 음성과 찬양 등으로 깨어날 확률이 배가 될 것입니다.

마지막으로 새벽과 아침에 기도해도 낮시간 중 충만함이 떨어지고 또는 유혹 등에 약해질 때는 몇십 분이라도 기도의 시간을 갖는 것이 바람직합니다. 그 때에 새로운 힘과 능력을 받고 성령의 능력으로 세월을 아끼는 삶을 살게 될 것입니다. 원수에게 조금도 틈을 주지 않도록 기도에 항상 힘쓰고 기도에 감사함으로 깨어 있어야 합니다.

- 나의 새벽과 아침의 기도가 저녁의 기도보다 중요한 이유는 무엇입니까?

- 새벽과 저녁 그리고 하루 가운데 낮에 드리는 기도는 서로 어떤 관계가 있습니까?

- 텔레비전을 시청하자마자 잠자리에 드는 것이 왜 기도하는 사람의 삶에 해롭습니까?

● 내가 날마다 새벽과 아침에 기도해야 할 것들은 어떤 것들이 있습 니까? 어느 정도의 시간을 기도에 드리고 있고 드려야 하겠습니 까?

나는 질그릇일 뿐이며 내 속의 주님은 보배이심을 기억하며 기도하면 좋습니다

"우리가 이 보배를 질그릇에 가졌으니 이는 능력의 심히 큰 것이 하나님께 있고 우리에게 있지 아니함을 알게 하려 함이라"(고후 4:7)

우리는 질그릇이고 내 안의 그리스도와 하나님의 은혜와 성령의 충만함은 보배입니다.

질그릇 자체에는 선한 것이나 강한 것 밝은 것이 없습니다. 그러나 기도를 통해서 보배로우신 하나님의 능력이 부어지면 나의 약함과 전적인 무능이 하나님의 강함과 하나님의 전능함을 만나게 됩니다.

이러한 질그릇 속의 보배 개념을 통해 얻는 유익은 먼저 우리의 근본적 무능력함을 알고 깨닫게 해 준다는 것입니다. 하나님의 은혜 없이는 아무것도 아니며, 만약 우리에게 능력이 나타나면 그것은 보배로우신 예수님의 것입니다.

그래서 우리 자신에 대한 지나친 실망이나 죄책감 속에서 자책하는 것을 막아 주고 동시에 사역의 성공으로 인한 교만함을 막아 줍니다. 하나님의 능력으로 하나님의 일들을 감당했으니 하나님께서 영광을 받으시는 것이 마땅한 것입니다.

이 보배로운 하나님의 능력이 오직 찬양과 예배와 기도의 기름부음 속에서 질그릇이라는 용기 속에 부어지는 것입니다. 그리고 그 부어지는 능력으로 우리는 강한 자가 됩니다.

만약 텅 빈 질그릇 자체만으로 하나님의 일들을 하려고 한다면 질그릇 자체에는 능력과 선함이 없음을 알지 못하기 때문일 것이며, 행하고 있는 하나님의 일은 열매 없는 무화과나무와 같이 될 것입니다.

하나님의 일은 기도를 통해 받은, 질그릇 속의 보배로운 하나님의 능력으로 이루어져야 합니다. 그러므로 질그릇 같은 존재인 우리는 교만이나 낙심 없이 오직 기도를 통해 얻은 보배 같은 하나님의 능력으로 하나님의 일들을 해 나가야 하기 때문에 더 지속적이고 깊은 기도생활을 유지하게 됩니다.

● 질그릇은 무엇이며 보배는 무엇을 이야기하나요? 질그릇과 보배는 어떤 특징들이 있나요?

● 질그릇 속의 보배 개념은 기도생활에 어떤 유익을 주나요? 그 이유는 무엇입니까?

구름 아래의 새와 구름 위의 새

"아무것도 염려하지 말고 오직 모든 일에 기도와 간구로 너희 구할 것을 감사함으로 하나님께 아뢰라 그리하면 모든 지각에 뛰어난 하나님의 평강이 그리스도 예수 안에서 너희 마음과 생각을 지키시리라"

(빌 4:6-7)

구름 아래에 사는 새는 참으로 힘이 듭니다. 비와 눈, 천둥, 번개의 영향 속에서 살아야 하기 때문입니다. 그러나 구름 위에 있는 새는 더 이상 구름의 영향을 받지 않아도 됩니다. 태양의 따스

함과 에너지만이 있을 뿐입니다.

구름 밑에 있는 새는 모든 환경의 영향을 받는 약한 기도 속에 있음을 이야기하며, 구름 위에 있는 새는 깊은 기도를 통하여 하나님이 주시는 평강과 소망과 능력이 자신의 약함과 불안 그리고 환경을 이겨버린 경우를 이야기합니다.

한나는 자신의 슬프고 낙담하며 고통이 가득한 마음을 하나님 앞에 오랜 기도를 통하여 토해 놓았습니다. 그 기도는 깊고 길며 집중된 기도여서 한나는 마치 술 취한 여자 같이 보이기도 하였습니다. 그러나 그 기도 후에 한나는 '수색'이 없는 사람으로 변화하였습니다. 깊은 기도는 낙심된 마음과 열악한 환경, 먹구름을 뚫고 올라가 오직 하나님만 볼 수 있는 영적 안목과 능력을 줍니다.

● 구름 아래의 새와 구름 위의 새는 각각 어떤 상황을 이야기합니까?

● 구름은 새에게 어떤 영향을 주고 있나요?

● 나의 기도가 구름을 뚫고 올라가는 기도가 되기 위해 한나를 통해 배울 수 있는 것은 무엇인가요?

기도 속의 극적인 변화(터닝포인트)

시편 3편으로 설명하도록 하겠습니다. 먼저 시편 3편은 8절로 되어 있습니다. 이 시편 3편의 말씀에서 우리는 환경 앞에서 두려움과 탄식으로 괴로워하던 자가 어떻게 기도 속에서 변화하였는지 볼 수 있습니다.

먼저 1, 2절에서 그는 환경을 바라보면서 탄식합니다. 물론 하나님 앞에서 구체적으로 탄식하며 기도합니다.

"여호와여 나의 대적이 어찌 그리 많은지요 일어나 나를 치는 자가 많소이다 많은 사람이 있어 나를 가리켜 말하기를 저는 하나님께 도움을 얻지 못한다 하나이다(셀라)"(시 3:1-2)

다윗이 상황과 환경을 보며 속에 있는 어두움을 하나님 앞에 솔직하게 털어놓는 장면입니다.

그러나 곧 3절과 4절에서 그는 하나님을 인정하고 그의 목소리로 하나님께 부르짖으면서 기도합니다.

즉, 환경과 사람을 보면 어두울 수밖에 없지만 빛 되신 하나님을 보며 인정할 때 기도의 힘을 얻게 됩니다. 그리고 그분이 보이기 때문에 그분께 부르짖습니다.

"여호와여 주는 나의 방패시요 나의 영광이시요 나의 머리를 드시는

자니이다 내가 나의 목소리로 여호와께 부르짖으니 그 성산에서 응답
하시는도다(셀라)"(시 3:3-4)

자신을 돕는 분을 인정하며 부르짖을 때 응답하시는 하나님을
기도 속에서 만나게 됩니다. 슬픔과 탄식은 사라지게 됩니다. 그
분이 있음으로 환경이나 사람들의 비난을 작게 여길 수 있습니다.
바로 이 부분이 기도의 터닝포인트입니다. 물이 끓는 점이요, 새
로운 각오와 믿음으로 강해지는 시점입니다. 대적과 사람과 나쁜
환경을 보다가 살아 계신 하나님, 도우시는 하나님께 눈을 돌려
부르짖을 때 하나님은 '평강의 마음과 능력의 마음'을 주십니다.
　5절과 6절에서 다윗은 이제 자신의 안전함을 알게 됩니다. 전
능하신 그분이 붙들고 계심을 알게 됩니다. 두려워하지 않게 됩
니다.

"내가 누워 자고 깨었으니 여호와께서 나를 붙드심이로다 천만 인이
나를 둘러 치려 하여도 나는 두려워 아니하리이다"(시 3:5-6)

기도의 터닝포인트를 가진 자가 말할 수 있는 평안함입니다.
그의 손에 붙들려 있는 자의 평강입니다.
　마지막 7절과 8절에서 다윗은 이제 적극적이고 공격적인 기도를
하기 시작합니다. 그의 백성을 축복하기까지 합니다. 기도의 터닝포

인트를 갖고 평안과 힘을 되찾은 자의 강한 기도소리가 들려옵니다.

"여호와여 일어나소서 나의 하나님이여 나를 구원하소서 주께서 나의
모든 원수의 뺨을 치시며 악인의 이를 꺾으셨나이다 구원은 여호와께
있사오니 주의 복을 주의 백성에게 내리소서(셀라)"(시 3:7-8)

이러한 기도의 터닝포인트가 나의 기도 속에 있는가 점검해 봅
시다. 나의 기도 속에 하나님을 확실하게 믿는 기도의 터닝포인
트가 있는가 확인해 보아야 하겠습니다.

● 기도의 터닝포인트란 무엇을 말하나요?

● 시편 3편에서 기도의 터닝포인트는 몇 절의 어떤 내용들인가요?
왜 그렇다고 생각하나요?

세 원의 비유

가장 작은원은 현실입니다. 중간원은 선하게 변화될 상황입니다(기도의 응답과 같은 상황입니다). 가장 큰원은 감찰하시고 축복하시는 하나님이십니다. 만약 가장 작은원인 현실의 어려운 상황을 가장 큰원같이 크게만 여긴다면 어떻게 될까요?

우리의 눈 앞에는 전능하신 하나님의 큰원도 보이지 않고 그분이 주실 응답인 중간원도 볼 수 없게 될 것입니다. 그래서 그 결과로 우리의 마음은 용기를 잃고 우리의 기도는 낙담과 절망 속에서 힘을 잃고 말 것입니다. 그러므로 현실이 너무나 크게 보일

때는 이렇게 해 보십시오.

이 현실을 가장 작은원으로 놓고 가장 큰 원을 전능하신 하나님으로 보며 하나님이 변화시키실 상황을 중간 크기의 원으로 보시기 바랍니다. 그렇게 본다면 우리의 마음과 태도는 어떻게 변할까요?

기도 속에서는 큰 문제의식으로 낙담하는 경우는 없을 것입니다. 중간원과 큰원을 강하게 의식한다면 우리의 기도는 소망 속의 기도가 될 것입니다. 왜냐하면 변화시키실 하나님과 변화될 상황을 보며 더욱 기도하기에 강한 믿음과 미래의 소망이 생기게 되니까요. 변화시키실 하나님을 크게 보고 변화되어지는 상황을 중간원으로 본다면 하나님의 전능하심으로 담대하게 기도할 수 있고 하나님이 변화시키실 상황을 기대하게 됨으로 기쁨과 소망으로 지속적으로 기도할 수 있을 것입니다.

나의 기도 속에서 무엇을 크게 보는가가 바로 나의 신앙일 수 있습니다. 열 명의 정탐꾼에게는 가나안 족속이 너무나 커 보여 자신들은 메뚜기같이 보였고 하나님은 보이지 않았습니다. 자신의 환경과 문제에 눌린 것입니다. 그러나 나머지 두 명은 그 땅을 주실 하나님을 더 크게 보았고 주실 그 땅을 중간원으로 보며 기쁘게 여겼습니다. 여호수아와 갈렙의 세 원은 제자리에 배치되어 있었습니다.

나의 생각 속에서 과연 세 가지 원이 제대로 배치되었는지 점

검하며 기도할 때 우리의 기도는 더 큰 힘을 얻고 자유로운 마음
으로 기도할 수 있습니다.

지금 나의 기도를 말씀으로 천지를 창조하신 하나님이 듣고 계
시고, 그분이 변화시킬 상황이 나의 미래의 가장 좋은 시기에 있
기에 우리의 기도는 힘 있게 계속 될 수 있습니다.

● 세 가지 원은 각각 무엇을 이야기하고 있나요?

● 원의 위치가 서로 바뀌면 어떤 일들이 일어나게 될까요?

두 개의 잔을 생각하며 기도합시다

두 개의 잔이 있습니다. 왼쪽의 잔 속에는 더러운 것들이 담겨져 있습니다. 하나님에 대한 원망과 사람에 대한 미움(이 두 가지는 내적 치유의 핵심적인 사항들입니다), 시기와 교만, 간음하는 마음과 도둑질하는 마음들이 있습니다. 만약 왼쪽 잔에 이렇게 더러운 오염물질들이 있다면 이곳에 신선한 기름을 따를 수 있을까요?

정상적으로 기름을 붓는 순서는 무엇입니까? 먼저 닦아 내고 제거해 내고 붓는 것일 겁니다. '닦아 낸다'는 것은 죄의 고백과 회개입니다. 우리가 우리의 죄를 자백하고 털어 놓으면 예수님의 보혈로 씻어지고 용서됩니다. 그래서 깨끗해집니다.

'제거해 낸다' 라는 표현은 오래된 더러운 습관적인 죄는 긁어 내야 한다는 이야기입니다. 적극적으로 그 죄를 미워하고 타협하려는 마음을 몰아내며 죄의 습관을 버린다는 말입니다. 설거지를 할 때에도 오랫동안 붙어 있던 굳어진 것들은 잘 안떨어집니다. 그러므로 강하게 긁어내야 합니다.

죄는 빨리 고백하고 보혈로 씻어야 합니다. 저희 집 주차장 위에 둥지를 튼 비둘기가 계속해서 분비물을 차에 배설합니다. 금방 씻어내면 물로 씻겨 내려갈 것을 며칠 묵혀 두면 마구 긁어내야 할 정도로 딱딱하게 굳어집니다. 그래서 참 힘들게 제거한 기억이 있습니다. 죄는 빨리 처리해야 하며, 제거하는 기도로 비어진 그 자리는 좋은 습관으로 대체해야 합니다.

거룩하신 하나님께서는 깨끗한 영혼의 잔을 만드는 사람들에게 성령의 기름을 부어 주십니다.

"베드로가 가로되 너희가 회개하여 각각 예수 그리스도의 이름으로 세례를 받고 죄사함을 얻으라 그리하면 성령을 선물로 받으리니"
(행 2:38)

먼저 죄를 처리하고 그 후에 성령을 부어 달라고 구체적으로 기도하십시오. 하나님은 보혈의 능력으로 깨끗해진 그분의 종들에게 성령을 부어 주시리라 약속하셨습니다.

"그때에 내가 내 영으로 내 남종과 여종들에게 부어 주리니 저희가 예
언할 것이요"(행 2:18)

"너희가 악할지라도 좋은 것을 자식에게 줄줄 알거든 하물며 너희 천
부께서 구하는 자에게 성령을 주시지 않겠느냐 하시니라"(눅 11:13)

● 두 잔은 무엇을 말합니까? 나의 마음은 어떤 잔에 가깝습니까?
  내가 깨끗하게 할 것은 무엇인가요? 내가 제거해야 할 죄는 어떤
  것입니까?

● 성령의 충만함을 받는 방법은 무엇인가요? 하나님은 어떤 사람
  에게 하나님의 영을 부어 주시나요?

방언으로 기도하십시오

사도바울은 우리가 모두 방언하기를 바란다고 말하며 자신은 방언을 더 많이 말하므로 하나님께 감사드린다고 말하였습니다.

"내가 너희 모든 사람보다 방언을 더 말하므로 하나님께 감사하노라"
(고전 14:18)

또한 방언은 모든 사람이 하는 것은 아니지만 유익하며 방언 말함을 막지 말라고 사도바울은 말하였습니다.

"다 방언을 말하는 자겠느냐"(고전 12:30)
"방언 말하기를 금하지 말라"(고전 14:39)

방언에 대한 신학적인 이야기를 하기보다는 생활 속에서 쓰여 지는 방언의 유익만을 나누기를 원합니다. 방언으로 기도할 때에 는 성령의 충만함으로 더 빨리 인도되며 모든 은사들을 강하게 하 고 또한 장시간 기도할 때에 오직 마음을 집중하고 영으로 하나님 께 기도하기 편합니다.

한마디 한마디를 생각해 내기 어려운 상황, 즉 너무나 피곤하 고 무력한 상태이거나 또는 너무나 충만하여 깊은 기도를 하게 될 때에 방언기도는 참으로 유익합니다.

길을 걸어갈 때나 운전을 할 때에도 막상 무엇을 말해야 할지 모를 때 마음을 드리며 하나님께 집중하고 방언으로 기도하면 영의 풍성함을 쉽게 얻곤 합니다. 은사는 유익하게 하기 위하여 하나님께서 주셨다면, 이 방언의 은사 역시 자신의 유익함과, 오랜 중보기도 속에서 타인과 교회의 유익을 위해 효과적으로 누려질 수 있을 것입니다.

● 방언의 유익은 무엇인가요? 조심하여야 할 점은?

● 장시간 기도할 때에나 어떤 말로 기도해야 할지 모를 때에 각각 방언은 어떤 역할을 해 주나요?

성막 속으로 들어가 기도하십시오

성막에 대한 책들은 서점에 많이 있습니다. 성막을 공부하면 기도의 질과 양이 깊어지고 늘어나게 됩니다. 성막은 예수 그리스도를 깊이 알려 주며, 기도의 순서와 성령의 임재가 있는 지성소 속으로 들어가게 하기 때문입니다.

동쪽의 유일한 문 앞에서 구원의 유일한 길이신 예수님의 구원의 문으로 들어갑니다. 그리고 요한복음 14장 6절과 사도행전 4장 12절의 말씀으로 기도합니다. 유일한 구원의 길이시며 구원의 문이신 예수님의 생명길로 들어가는 은총을 입은 것입니다. 그리고 들어가자마자 오른쪽 성막뜰에서 '세상 죄를 지고 가는 하나님의 어린양'이 죄를 대속하기 위해 털이 깎이고 피흘려지는 모습을 보며 죄의 심각성과 예수님의 사랑을 느낄 수 있습니다. 죄의 용서를 느낄 수 있습니다. 이사야 53장 5절로 기도합니다.

"그가 찔림은 우리의 허물을 인함이요 그가 상함은 우리의 죄악을 인함이라 그가 징계를 받음으로 우리가 평화를 누리고 그가 채찍에 맞음으로 우리가 나음을 입었도다."

번제단 앞에서 그리스도의 십자가를 묵상합니다. 피흘림이 없이는 죄 사함이 없기에 예수님은 피를 흘려 죄를 사하셨습니다. 그리고 지금도 그 피는 나의 죄를 씻기에 유효합니다.

그 후 물두멍 앞에서 평소에 짓는 죄들을 회개하고 깨끗이 씻습니다. 그리고 성소에 들어갑니다. 깜깜하고 어두운 그곳에서 성령의 등을 켜고 나의 눈을 열어 달라고 기도합니다. 성령으로 열어 달라고 기도합니다. 금 등대는 성소 안을 밝혀 줍니다.

그리고 떡상에서 하나님의 말씀을 먹습니다. 그리고 그 깨달아진 하나님의 말씀은 향단 앞으로 인도하여 기도하게 합니다. 깊은 기도 속에서 이제 예수님이 열어 놓으신 지성소 안에 자연스럽게 들어가게 됩니다.

사람들의 반역과 죄를 보혈로 덮으신 법궤 앞에서 다시 하나님의 사랑과 예수님의 은혜를 묵상하며 성령의 충만함을 받습니다. 그리고 하나님과 교제합니다. 그분의 사랑에 감격하게 됩니다. 그분의 보좌 앞에서 그분을 경외하며 기도하게 됩니다. 찬양하게 됩니다.

성막 안에서 내가 지금 있어야 할 자리에 오랫동안 기도로 머문다면 나의 영혼의 부족함을 채울 수 있습니다.

결국 모든 과정은 향단에서 지성소 안의 하나님의 임재 속으로 들어가 하나님과 교제하기 위함입니다.

구원의 감격과 죄사함의 감격, 또한 말씀의 은혜와 성령의 충만함이 모두 성막 안에, 그리스도 안에 있습니다. 그러므로 성막을 공부하여 그 성막 속으로 들어가 기도한다면 그리스도의 비밀을 더욱 깊이 알며 기도의 질과 양이 풍성해지는 열매를 맺게 될 것입니다.

● 성막을 공부함이 기도에 큰 유익을 주는 이유는 무엇입니까?

● 성막으로 기도할 때에 각 처소에서 적절하게 쓸 수 있는 말씀들
은 무엇입니까?

묵상한 말씀을 외우면서 또한 묵상한 말씀을 생각하면서 기도 하십시오

약속되어진 말씀, 깨달아진 말씀을 외우거나 그 장면과 주인공의 마음을 상상하면서 기도할 때 우리의 기도는 더욱 생생하고 감동적인 기도가 됩니다.

출애굽기 17장의 아말렉과의 전쟁을 생각해 봅시다. 르비딤에서 싸우게 됩니다. 모세는 여호수아에게 사람들과 함께 나가서 싸우라 하고 그는 산꼭대기에 아론과 훌과 함께 올라가 기도합니다. 그 전쟁은 여호수아에게 달려 있다기보다는 모세에게 달려 있습니다. 아니, 모세에게 달려 있다기보다는 모세의 기도에 달려 있습니다. 더 자세히 이야기하면 "모세가 손을 들면 이스라엘이 이기고 손을 내리면 아말렉이 이기더니" 모세가 손을 올리고 내림은 기도를 뜻합니다. 이렇게 기도가 전쟁의 승패를 결정하는데 어떻게 기도의 손을 내릴 수 있겠습니까? 피비린내 나는 전쟁 가운데 산꼭대기에서 하나님께 가까이 나아간 자의 손에 의해 승패가 달라지는데 말입니다.

"하나님! 나의 삶과 나의 동료들의 삶도 나의 기도의 손에 달려 있습니다. 이렇게 놀라운 권세를 기도 속에 주신 것을 알게 하시니 감사합니다. 기도의 수고를 멈추지 않게 하시고 기도의 승리를 누리게 하소서. 나의 기도를 통해 날마다 놀라운 영적 승리를 얻게 하소서. 또한 나의 중보자들을 축복하셔서 그들의 기도가

풍성해지고 강해져서 하나님이 주시는 승리의 삶을 살게 하시고
중보의 삶을 살게 하소서"라고 적용하는 기도를 할 수 있습니다.

이런 식으로 성경의 많은 부분이 묵상되고 살아 움직이는 강한
말씀들이 되어진다면 우리의 기도생활은 더욱 풍성함을 얻게 될
것입니다. 또한 그 기도 속에서 더 깊고 많은 영적 법칙과 하나님
의 마음을 알게 되어 성숙함과 견고함, 그리고 믿음의 능력을 갖
게 될 것입니다.

● 나는 나의 기도 속에서 적용되어지는 능력있는 말씀이 있습니
  까? 어떤 말씀들입니까?

● 묵상되어진 말씀을 생각하며 감동받으며 기도하는 것은 어떤 유
  익이 있습니까?

개인기도

7 단계

1시간 이상 기도하는 법

 ### 실패하지 않는 기도의 준비

(질그릇 속의 보배 개념 p. 58, 은혜로운 찬양을 조용하게 틀어놓고
하시면 더욱 좋겠지요!)

1. 먼저 기도할 마음과 힘 그리고 사모하는 마음을 달라고 기도합니다 (1-2분)

   하나님, 지금 이 시간 기도할 마음과 힘과 사모하는 마음을 주셔서 성공적
   이고 힘있는 기도의 시간이 되도록 도와주시옵소서! (우리 속에 기도하고
   싶은 선한 것이 없으므로!)

2. 나의 노력과 함께 성령의 도우심을 요청하며 기도합니다 (2분)

   하나님 나의 힘으로만 하는 기도가 아니라, 성령 안에서, 성령의 기름부음
   속에서 기도할 수 있도록 성령을 부어 주시옵소서! (엡 6:18)

3. 하나님에 대한 원망이나 사람에 대한 미움 또는 음란함이나 분노 등의 죄
   가 있다면 예수님의 흘리신 보혈로 깨끗케 해 달라고 기도합니다(2분)—
   두 개의 잔 p. 117

4. 나의 기도 제목으로 기도하기 전 말씀의 깨달음 - 기도의 시동과 성령의 충만
   함과 임재를 좀 더 구하고 기도합니다(3분)—말씀 묵상과 기도의 관계 p. 39

   너희가 악할지라도 좋은 것을 자식에게 줄줄 알거든 하물며 너희 천부께
   서 구하는 자에게 성령을 주시지 않겠느냐 하시니라(눅 11:13)

····▶ *1-4번까지는 하나님과의 접속입니다.*

5. 나의 개인적인 기도 제목들로 기도합니다(최대한 기도)

나의 기도 제목으로 하나님 앞에서 기도함(세 원의 비유를 사용하세요! p.114 큰 원-능력의 하나님/ 중간 원-소망의 기도제목의 완성/ 작은 원-문제).

아무것도 염려하지 말고 오직 모든 일에 기도와 간구로, 너희 구할 것을 감사함으로 하나님께 아뢰라 그리하면 모든 지각에 뛰어난 하나님의 평강이 그리스도 예수 안에서 너희 마음과 생각을 지키시리라(빌 4:6-7)

내게 능력 주시는 자 안에서 내가 모든 것을 할 수 있느니라(빌 4:13)

6. 더 긴급하거나 기도 중 하나님이 강조하시는 제목을 더 많이 기도합니다 (10분 이상) —세 원의 비유, 질그릇 속의 보배, 구름 위의 새 p. 109

의인의 간구는 역사하는 힘이 많으니라(약 5:16)

7. 교회(교역자와 교회 부흥)와 가족 지체들을 위하여 방패기도(중보기도 p.84 -도와주는 기도)를 합니다. 하나님이 이루실 것을 믿으며 확신과 평강이 올 때까지 예배와 삶 속에서 계속 기도합니다.(15분)

우리 가운데서 역사하시는 능력대로 우리의 온갖 구하는 것이나 생각하는 것에 더 넘치도록 능히 하실 이에게 교회 안에서와 그리스도 예수 안에서 영광이 대대로 영원 무궁하기를 원하노라 아멘(엡 3:20-21)

··· ▶ 단계를 더 빨리 또는 더 느리게 사용할 수 있습니다.
처음의 4번까지를 새벽기도나 아침기도 시간에 통과하였다면, 그 다음 기도시간에는 5번부터 기도하셔도 됩니다. 기도를 통하여 하늘의 능력으로 승리하는 매일이 되시기 바랍니다.

이르시되 기도 외에 다른 것으로는 이런 유가 나갈 수 없느니라 하시니라(막 9:29)